योगदर्शनम्

श्रीमहर्षिपतञ्जलिप्रणीतम्

योगदर्शनम्

मूल संस्कृत, हिन्दी अनुवाद एवं हिन्दी भाषा टीका सहित

प्यारे लाल

प्रभूदयाल

BKP

भारतीय कला प्रकाशन

दिल्ली (भारत)

प्रथम संस्करण : 1928

संशोधित संस्करण : 2006

ISBN : 81-8090-059-2

प्रकाशक : सी.पी. गौतम
भारतीय कला प्रकाशन
3421–ए, द्वितीय तल, नारंग कालोनी,
त्री नगर, दिल्ली–110035.
दूरभाष : (O) 27393083, 32967505
(R) 32492129

कम्प्युटरकृत : ट्विंकल ग्राफिक्स, दिल्ली.

मुद्रक : तरुण ऑफसेट प्रिन्टर, दिल्ली.

भूमिका

सत्य ज्ञानरूप परमात्मा को प्रणाम करने के अनन्तर; जो मनुष्य संस्कृत नहीं जानते व शास्त्रपठन में समर्थ नहीं हैं उनके विद्या लाभ और यह विदित होने के लिये कि, किसी समय में इस आर्यावर्त देश में कैसे-कैसे विद्वान् सज्जन, महात्मा थे और अब यह आर्यावर्त कैसी दशा में प्राप्त है; उन विद्वानों के ग्रन्थों को देखकर पूर्व काल में इस देश में विद्वान् व धर्मवान् पुरुषों की अधिकता जानकर अब भी सत्पुरुष संत्संग व विद्या में रुचि को बढ़ाकर सत्संग व विद्या के गुण व फल का उपदेश कर फिर इस देश को धर्म व विद्या की वृद्धि से सुशोभित करें; इस कारण से पूर्व काल में महर्षि पतंजलि ऋषि ने जिसे योगविषयक दर्शन को सूत्रों में ऐसी अत्युत्तम रीति से वर्णन किया है कि जिसके ज्ञान व योगसाधन से श्रद्धालु साधक को परम सुख मोक्ष प्राप्त होने के योग्य है व सम्पूर्ण दुःख व बन्ध छूट जाता है। उस उत्तम शास्त्र के सूत्रों के भाष्य को यथामति सरल देश भाषा में वर्णन करता हूँ। इस ग्रन्थ में प्रथम मूल सूत्र संस्कृत में और अर्थ भाषा में वर्णन किया गया है। यह ग्रंथ ज्ञाता धर्मवान् श्रद्धालु गुणग्राहकों को अति प्रिय व उत्तम विदित होगा, अधर्मवान्, अश्रद्धालु विषयी मनुष्यों को चाहे प्रिय न हो इससे प्रार्थना है कि विद्वान् श्रद्धालु सज्जन अवश्य इन ग्रन्थ को ग्रहण करें व जो कहीं भूल होय वह सज्जन महात्मा कृपा करके शुद्ध कर लेवें।

28 सितम्बर, 2006 — सज्जनों का कृपापात्र

दिल्ली — **प्रभुदयाल**

विषय-सूची

भूमिका	(v)
भाषाभाष्यसहित–समधिपाद	1–27
भाषाभाष्यसहित–साधनपाद	28–65
भाषाभाष्यसहित–विभूतिपाद	66–96
भाषाभाष्यसहित–कवल्यपाद	97–117
पादार्थसंग्रह	118

ॐ परमात्मने नमः।

महर्षिपतञ्जलिप्रणीतम्

योगदर्शन

भाषाभाष्यसहित।

समाधिपादः॥1॥

अथ योगानुशासनम्॥1॥

अर्थ– अथ योगशिक्षा वा उपदेश को आरंभ करते हैं॥1॥

हिन्दी टीका–योग की शिक्षा वा योग के उपदेश को आरंभ करते। यह सूत्र का अर्थ है सो आरंभ करते हैं। यह सूत्र में शेष है। भाव से क्रिया का आक्षेप किया जाता है। महात्मा पतंजलि जी ने अर्थशब्द से शास्त्र का आरंभ किया है। अर्थशब्द मंगलवाचक है। इससे प्रथम सूत्र के आदि में शास्त्र के आरंभ में रखा है। योग अनुशासन में प्रथम अधिकारी, विषय, सम्बन्ध व फल यह अनुबंधचतुष्टय जानना उचित है। आत्मा के जानने की इच्छा करने वाले को जिज्ञासु कहते हैं। जो जिज्ञासु है वही इस शास्त्र के विषय का अधिकारी है, योग इसका विषय है, योगधारण में अधिकारी के चित्त की जो प्रवृत्ति है वह सम्बन्ध है और मोक्ष फल है॥1॥

अब शास्त्र के विषय का लक्षण वर्णन करते हैं :

योगश्चित्तवृत्तिनिरोधः॥2॥

अर्थ– चित्तकी वृत्तियों का निरोध योग है॥2॥

हिन्दी टीका–चित्तवृत्तियों का निरोध (रोकना रूप) योग दो प्रकार का है, संप्रज्ञात व असंप्रज्ञात, चित्त की वृत्तियों के प्रवृत्त होने व निरोध होने

के अवस्था भेद से चित्त की पांच भूमि अर्थात् पंच स्थान हैं, क्षिप्त, मूढ विक्षिप्त, एकाग्र व निरुद्ध। जब चित्त रजोगुण से अति चंचल होता है वह क्षिप्त, जब चित्त में तमोगुण से निद्रा व मूढ़ता होती है वह मूढ़, जो अत्यंत चलायमान चित्त है व किसी समय में स्थिर भी हो जाता है वह विक्षिप्त कहा जाता है, क्षिप्त व मूढ़ अवस्था में योग की गंध भी नहीं होती विक्षिप्त में कहीं कहीं-योग होता है, एकाग्र में अर्थात् सत्त्वगुणप्रधान जो एक विषय में स्थित चित्त है उसमें रजोगुण, तमोगुण वृत्तियों के विरोध व सात्त्विक वृत्ति विशेषरूप संप्रज्ञात योग होता है, वेद स्मृति के प्रमाण से संप्रज्ञात योग में ज्ञाता को जो परोक्ष (अदृष्ट) अर्थ है वह साक्षात् होता है साक्षात् होने से क्लेश का नाश होता है अविद्या आदि क्लेश (जिनका वर्णन आगे किया जायगा) नाश होने से कर्म का नाश होता है, तब सात्त्विक वृत्तियाँ भी निरोध होने से व संस्कारमात्र शेष रहने से सम्पूर्ण चित्त की वृत्तियों का निरोध होता है अर्थात् सब चित्त की वृत्तियां रुक जाती हैं। निरोध शब्द का अर्थ रुक जाता है, निरुद्ध चित्त से असंप्रज्ञात योग होता है, दोनों प्रकार के योग का साधारण लक्षण सूत्र में यह कहा है कि चित्त की वृत्तियों का निरोध योग है (शंका) एक चित्त का अनेक भूमि किस हेतु से कही है? (उत्तर) चित्त के त्रिगुणात्मक होने से चित्त ज्ञान सुख आदि शीलता वृत्ति गुण आदिपत्ता आलस्य दैत्य आदिपत्ता से सत्त्व, रज, तप गुण होता है, सत्त्वगुण से कुछ कम व राज तम तब बराबर होते हैं तब सत्त्वगुण से चित्त ध्यान में प्रवृत्त हुआ जो तमोगुण से ध्यान को छोड़कर रजोगूण से अनेक कामना करते विषय करते विषय प्रिय होता है वह विक्षिप्त है, जब तमोगुणप्रधान मूढ़ होता है तब अकल्याण अधर्म अज्ञान अवैराग्य अनैश्वर्य्य को प्राप्त होता है। अज्ञान शब्द से भ्रम निद्रा अर्थ का भी ग्रहण यहां मूढ़ होने के लक्षण में जानना चाहिये। रजोगुण प्रधान क्षिप्त होता है इस प्रकार के तीन गुण होने के कारण से त्रिगुणात्मक चित्त क्षिप्त मूढ़ सबसे साधारण होते हैं। विक्षिप्त प्रथम योगियों का चित्त होता है। योगी चार प्रकार के होते हैं, प्रथम कल्पिक मधुभूमिक प्रज्ञाज्योति अतिक्रांति भावनीय। तिनके लक्षण यह हैं-प्रथम सत्त्वगुण प्रधान रजोगुण तमोगुण युक्त होता है, द्वितीय एकाग्र संप्रज्ञात योग से उत्पन्न सिद्धि से योगी का चित्त धर्म ज्ञान वैराग्य

ऐश्वर्य को प्राप्त होता है, तृतीय जब रजोगुण तमोगुण मल से स्वच्छ शुद्ध सत्त्व चित्त होता है तब विवेकख्याति द्वारा पुरुषमात्र का ध्यान पुरुष धर्मबुद्धि से करता है जब ध्यान करने वाला ध्यान में दृढ़ होकर अनेक प्रकार के विषय देखने पर भी अशुद्ध नाशमान निश्चय करके सत्त्वगुण विचार युक्त विवेकख्याति में से भी चित्त शक्ति को रोकता व निरोध करता है, संस्कार मात्र रह जाता है वह चतुर्थ अतिक्रांति भावनीय योग की अवस्था है सोई असंप्रज्ञात योग वा समाधि है। इसमें केवल शुद्ध चेतन रूप में मग्न होकर अन्य विषयों को नहीं जानता सम्पूर्ण विषय सुख दुःख मोह शून्य होता है।।2।।

जो यह शंका हो कि बुद्धि वृत्ति पुरुष का स्वभाव है वृत्ति निरोध होने से स्वभाव भिन्न कैसे पुरुष की स्थिति हो सकती है? इसका समाधान अब सूत्र में वर्णन करते हैं :

तदा द्रष्टुः स्वरूपेऽवस्थानम्।।3।।

अर्थ– तब द्रष्टा का स्वरूप में ही स्थान है।।3।।

हिन्दी टीका–अभिप्राय यह है कि, जब चित्त के शांत, घोर, मूढ़ सब वृत्तियों का निरोध हो जाता है तब द्रष्टा जो देखनेवाला चिदात्मा है उसकी स्वाभाविक रूप में स्थिति होती है। बुद्धिवृत्तियां पुरुष का स्वभाव नहीं हैं किस प्रकार से वृत्तियों के निरोध होने में पुरुष का शुद्ध स्वाभाविक रूप प्राप्त होता है जैसे जपाकुसुम (गोडहर का फूल) के दूर हो जाने पर स्फटिक का शुद्ध रूप हो जाता है अथवा सब वृत्तियों के निरोध हो जाने पर द्रष्टा जो साक्षी ज्ञानस्वरूप सर्वज्ञ परमेश्वर है उसके स्वरूप मात्र में, समाधि में योगी की स्थिति होती है।।3।।

वृत्तिसारूप्यमितरत्र।।4।।

अर्थ– वृत्तिसारूप्य इतर में।।4।।

हिन्दी टीका–इतर में (अन्य में) अर्थात् निरोध से भिन्न जो व्युत्थान (वृत्तियों के न रुकने की अवस्था) आदि वृत्तियां हैं उन्हीं के रूप भाव में पुरुष अपने को मानता है कि 'शांत हूं, मूढ़ हूं, दुःखी हूं'। व्युत्थान अवस्था में ऐसा मानना केवल भ्रम है, इससे स्वभाव से आत्मा पतित

नहीं होता जैसा जपाकुसुम के समीप होने के समय में स्फटिक में अरुणता (ललाई) दीख पड़ती है, परंतु उसकी स्वाभाविक शुक्लता दूर नहीं हो जाती। निरोध में मुक्ति व व्युत्थान में बंध है, यह पूर्व व पर दोनों सूत्रों का आशय है।।4।।

अब निरोध करने के योग्य वृत्तियां कितने प्रकार की हैं? यह वर्णन करते हैं :

वृत्तयः पंचतय्यः क्लिष्टा अक्लिष्टाः।।5।।

अर्थ– वृत्तियां क्लिष्ट अक्लिष्ट रूप पांच प्रकार की हैं।।5।।

हिन्दी टीका–जो वृत्तियां राग, द्वेष आदि क्लिष्ट के कारण होकर बंधफल करने वाली होती हैं अर्थात् सब जीवों को प्रमाण आदिक वृत्तियों से जाने हुए अर्थों में राग, द्वेष, मोह द्वारा कर्म कराके सुख दुःख में बांधती हैं वह क्लिष्ट हैं और जो मोक्षफल देने वाली हैं वह वृत्तियां अक्लिष्ट कही जाती हैं। अक्लिष्ट वृत्तियां वैराग्य अभ्यास से क्लिष्ट वृत्तियों के प्रवाह में बहे जाते प्राणियों को अपने से उत्पन्न आकिलष्ट संस्कारों का बारंबार अभ्यास से बढ़ाकर किल्ष्ट संस्कार को रोकती हैं। क्लिष्ट वृत्तियां प्रवाह का निरोध (रोक) करने पर वैराग्य से आप भी निरुद्ध हो जाती हैं अर्थात् शांत हो जाती हैं, तब संस्कारमात्र रहे हुए चित्त की मुक्ति होती है।।5।।

प्रमाणविपर्ययविकल्पनिद्रास्मृतयः।।6।।

अर्थ– प्रमाण, विपर्यय, विकल्प, निद्रा, स्मृति, यह वृत्तियां हैं।।6।।

हिन्दी टीका–अर्थात् यह चित्त की पाँच वृत्तियां हैं।।6।।

(तत्र) प्रत्यक्षानुमानागमाः प्रमाणानि।।7।।

अर्थ– प्रत्यक्ष अनुमान, आगम, ये प्रमाण हैं।।7।।

हिन्दी टीका–जिस वृत्ति से प्रमाण (निश्चयात्मक बोध) की प्राप्ति होती है अर्थात् जिससे 'यह वस्तु यथार्थ इस प्रकार से है' यह ज्ञान होता है उसकी प्रमाण संज्ञा है। उस प्रमाण के तीन भेद हैं। प्रथम प्रत्यक्ष, इन्द्रिय व अर्थ के सन्निकर्ष (व्यवधानरहित संयोग) से उत्पन्न व व्यभिचार

दोषरहित ज्ञान की धारणं करने वाली चित्त की वृत्ति 'प्रत्यक्ष' प्रमाण है। प्रत्यक्ष द्वारा अप्रत्यक्ष का जिसका प्रत्यक्ष के साथ सम्बन्ध से जानना अनुमान वृत्ति है यथा-धूम देखकर प्रत्यक्ष धूम-द्वारा अप्रत्यक्ष अग्नि की व्याप्ति सम्बन्ध से जानना कि जहां अग्नि होती है वहीं ऐसा धूम जैसा प्रत्यक्ष (हो रहा है) होता है। यथार्थ अनुमान यथार्थ व्याप्ति के ज्ञान से होता है, साध्य साधन का किसी धर्म विशेष के साथ सम्बन्ध रहना व्याप्ति है, ऐसे सम्बन्ध होने के ज्ञान को व्याप्ति ज्ञान कहते हैं। यथा धूम व अग्नि के सम्बन्ध होने के ज्ञान से विशेष रूप से धूम को देखकर यह निश्चय करना कि जहां ऐसा धूम होता है बिना अग्नि के नहीं होता, इस व्याप्ति ज्ञान से धूम के प्रत्यक्ष होने से अप्रत्यक्ष अग्नि का जानना अनुमान है। जो यह संशय हो कि दूर से पर्वत धूलि कुहिर धूम सदृश दीख पड़ते हैं उन में अग्नि का अनुमान होना चाहिये तो इसका उत्तर यह है कि, ऐसा नहीं हो सकता है, क्योंकि अनुमान का मूल प्रत्यक्ष है पूर्व प्रत्यक्ष द्वारा अनुमान होता है। प्रत्यक्ष जो विकार दोषसंयुक्त हुआ तो अनुमान भी मिथ्या हो जाता है इसी से प्रत्यक्ष के लक्षण में कहा है कि इन्द्रिय व अर्थ के सन्निकर्ष से उत्पन्न दोष भ्रम रहित ज्ञान प्रत्यक्ष है जो दूर होने के हेतु से अथवा इन्द्रिय में विकार दोष होने आदि अन्य कारण से भ्रामिक ज्ञान होता है वह प्रत्यक्ष नहीं है। इससे उक्त लक्षण में दोषापत्ति नहीं है असत् प्रत्यक्ष से व्याप्ति स्थापन मिथ्या है व तन्मूलक अर्थात् उसके द्वारा जो अनुमान होता है वह भी मिथ्या है वा होता है आप्तनाम भ्रमरहित साक्षात् पदार्थ का ज्ञाता सत्यवादी जो अपने दृष्ट वा अनुमित अर्थ का उपदेश करे उस अर्थ को आप्त के कहे हुए शब्दों से जानना व उसको प्रमाण मानना 'आगम' प्रमाण है यथा आप्त ईश्वर प्रणीत मानकर वेद आगम माना जाता है।।7।।

विपर्ययो मिथ्याज्ञानमतद्रूपप्रतिष्ठितम्[1]।।8।।

अर्थ– मिथ्याज्ञान जो पदार्थ स्वरूप से प्रतिष्ठित विरुद्ध अर्थात् बुद्धि में स्थित हो वह विपर्यय है।।8।।

हिन्दी टीका–जो यह तर्क किया जाय कि यथा विपर्यय अनेक विषय

1. मतदूपप्रतिष्ठम् इति पाठान्तरम्।

में प्रतिष्ठाशून्य है तथा विकल्प भी है। इस संदेह अतिव्याप्ति (लक्ष्य से भिन्न वस्तु में लक्षण की प्राप्ति) के निवृत्त होने के अर्थ मिथ्याशब्द सूत्र में कहा है। तात्पर्य यह है कि, जब पदार्थ के होने में असत्यता नहीं, परन्तु उसके ज्ञान में दोष है अर्थात् जैसा सत्यरूप पदार्थ है वैसा ज्ञान न होकर उसके विरुद्ध होता है। यथा-आत्मा नित्य चेतनरूप है उसको भ्रम से अनित्य जड़ मानना रस्सी को अन्धकार में सर्प जानना आत्मा व रस्सी का होना असत्य नहीं है, ज्ञान होने में मिथ्यात्व है। अनित्य होना व सर्प का होना यह मिथ्याज्ञान विपर्यय है। विकल्प में जिस पदार्थ का भ्रम से स्वीकार (अंगीकार) होता है वह पदार्थ ही मिथ्या होता है, न केवल ज्ञान।।8।।

यही सूत्र में वर्णन करते हैं :

शब्दज्ञानानुपाती वस्तुशून्यां विकल्पः।।9।।

अर्थ– शब्दज्ञान अनुसार वस्तु का शून्य विकल्प।।9।।

हिन्दी टीका–मनुष्य के सींग सुनकर मान लेना विकल्प है। यद्यपि मनुष्य सत्य है, सींग सत्य है; परन्तु मनुष्य का सींग सत्य नहीं है, ऐसा जानकर भी किसी के कथन से वा लेख से प्रमाण विरुद्ध मानना विकल्प है तथा चेतन रूप पुरुष है यह जानकर बिना प्रमाण परीक्षा पुरुष में चैतन्य भेद मानना विकल्प है इत्यादि।।9।।

अभावप्रत्ययालम्बना वृत्तिर्निद्रा।।10।।

अर्थ– अभावज्ञान को अवलम्बन करने वाली वृत्ति निद्रा है।।10।।

हिन्दी टीका–अभाव में जो हेतु है वह अभाव हेतु है जाग्रत् स्वप्न वृत्तियों के अभाव का हेतु तमोगुण होता है, इससे अभाव प्रत्यय वा अभावहेतु से अभिप्राय तमोगुण से है, क्योंकि प्रथम तमोगुण के आधिक्य से पुरुष जब स्वप्न को प्राप्त होता है, तब जाग्रत् की वृत्तियों का अभाव होता है, उस से भी अधिक तमोगुण आश्रित हो स्वप्रवृत्ति के अभाव होने पर सुषुप्ति अवस्था को प्राप्त होता है, ऐसे अभाव हेतु तमोगुण को अवलंबन करने वाली वृत्ति निद्रा है। अब शंका यह है, कि वृत्तिविषय सम्बन्ध में विपर्यय आदिक का अनुकथन होते आया है, सम्बन्ध ही से

जैसे विपर्यय आदि में बिना वृत्ति शब्द के वृत्ति के कहने का बोध होता है। निद्रा की वृत्ति होने का ज्ञान साधारण था वृत्तिशब्द रखने का क्या प्रयोजन था ज्ञान का अभाव निद्रा है यह कहना यथार्थ था। इसका उत्तर यह है कि, ज्ञान का अभाव निद्रा मानने में दोष की प्राप्ति है इससे चित्त के अभाव वृत्ति मात्र जानने व ज्ञान अभाव मानने वालों के मत खण्डन करने के अर्थ वृत्ति पद रखा है। तात्पर्य यह है कि, ज्ञान के अभाव का हेतु अज्ञान अवलंबन विषय निद्रा नहीं है। केवल चित्तवृत्ति के अभाव के हेतु तमोगुण को अवलंबन वा धारण करने वाली निद्रा है, क्योंकि जो ज्ञान के अभाव को निद्रा मानें तो सत्त्वगुण वृत्ति को स्वप्न में प्राप्त हो उठकर 'बहुत सुख से मैं सोया' अथवा रज तम वृत्ति से कुस्वप्न को प्राप्त सोने से उठकर 'बहुत दुःख सोने में रहा' अथवा अत्यंत तम के आधिक्य से घोर निद्रा से उठकर यह कहना कि 'ऐसा सोया कि कुछ स्मरण नहीं रहा' ऐसा ज्ञान न होना चाहिये; क्योंकि यह बुद्धि वा ज्ञान का धर्म है।।10।।

अनुभूतविषयाऽसंप्रमोषः स्मृतिः।।11।।

अर्थ– अनुभूत विषय में जो अस्तेय है वह स्मृति है।।11।।

हिन्दी टीका–जो पूर्व में अर्थात् भूतकाल में हो गया है वह ज्ञान में प्राप्त हुआ है उस चित्तवृत्तिस्थ बोध संस्कार से उत्पन्न अनुभव अर्थात् पूर्व से जो ज्ञानविषय चित्त में प्राप्त है उसके फिर उदय करने वाली वृत्ति को स्मृति कहते हैं। 'असंप्रमोष' पद रखने का क्या प्रयोजन था? अनुभूत विषय का ग्रहण स्मृति है, यही कहने से प्रयोजन सिद्ध होता है। उत्तर यह है कि, संप्रमोष नाम स्तेय अर्थात् हर विषय वा पदार्थ को अपना ऐसा ग्रहण करने को कहते हैं जैसे कोई अनुभूत विषय को जो अपने स्मरण में नहीं हैं उसको यथा पुत्र के स्मृतिमूल अनुभव विषय को पिता का व किसी अन्य के स्मृति विषय का अन्य का अपना ऐसा निश्चय कर लेना संप्रमोष है। संप्रमोष जिसमें न हो वह असंप्रमोष है। अभिप्राय यह है कि, अपने चित्त में प्राप्त बोध के संस्कार से जो अनुभव विषय की वृत्ति है वह स्मृति है। पर स्मृति से अंगीकार कर लेना स्मृति नहीं है। 'असंप्रमोष' पद के न रखने से पर स्मृति मूलक अनुभव विषय के ग्रहण का भी संभ्रम

रहता है, इससे 'असंप्रमोष' पद रखा है। जो यह शंका हो कि जो अनुभूत नहीं है वह भी स्वप्न में यथा अपने शरीर में हाथी के शरीर का स्मरण व बोध होता है यह भी स्मृति है, तो यह जानना चाहिये कि यह स्मृति नहीं है यह विपर्यय है जिसका लक्षण पूर्व ही वर्णन किया गया है।।11।।

अभ्यासवैराग्याभ्यां तन्निरोधः।।12।।

अर्थ– अभ्यास व वैराग्य से तीन वृत्तियों का निरोध होता है।।12।।

हिन्दी टीका–इन सब वृत्तियों का-कि जिनका ऊपर वर्णन हुआ है, अभ्यास व वैराग्य से निरोध होता है।।12।।

तत्र स्थितौ यत्नोऽभ्यासः।।13।।

अर्थ– तिस स्थिति में यत्न करना अभ्यास है।।13।।

हिन्दी टीका–तिसमें वृत्तियों के निरोध में अर्थात् वृत्तियों के निरोध के उपाय में रजोगुण-तमोगुण-शून्य चित्त की एकाग्रता में स्थिति होना अर्थात् ठहरना तिस स्थिति में साधन यम नियम आदि में प्रयत्न करना अभ्यास है।।13।।

जो यह संशय हो कि अनिश्चित काल से प्रलबल राजस, तामस वृत्ति विरुद्ध संस्कार करके कुंठित अभ्यास से स्थिति नहीं हो सकती इसके समाधान के अर्थ आगे सूत्र में दृढ होने का उपाय जिससे स्थिति हो, वर्णन करते हैं :

स तु दीर्घकालनैरन्तर्यसत्कारसेवितो दृढ़भूमिः।।14।।

अर्थ– सो तो दीर्घकाल निंरतर सत्कार से सेवित दृढभूमि होता है।।14।।

हिन्दी टीका–इस उपरोक्त शंकानिवारण के अर्थ कि राजस तामस वृत्ति व्युत्थान संस्कार से अभ्यास कैसे हो सकता है? सूत्र में 'तु' शब्द कहा है कि नहीं अभ्यास तो दृढ़ होता है किस प्रकार से दृढ़ होता है? दीर्घ काल तक निरूतर तप ब्रह्मचर्य विद्या श्रद्धारूप सत्कार से सेवित होने से दृढ होकर स्थिति के योग्य होता है। व्युत्थान संस्कार फिर उसको बाधा नहीं करते सत्कार तप ब्रह्मचर्य विद्या श्रद्धा को कहते हैं। इसमें यह श्रुति प्रमाण है सत्कार विषय में कहा है "अथोत्तरेण तपसा ब्रह्मचर्येण श्रद्धया।

विद्ययाऽऽत्मानमन्विष्य" इति। अर्थ–उपरोक्त तप करके ब्रह्मचर्य श्रद्धा व विद्या द्वारा आत्मा को खोजकर॥14॥

दृष्टानुश्रविकविषयवितृष्णस्य वशीकारसंज्ञा वैरागयम्॥15॥

अर्थ– दृष्ट व आनुश्रविक (वैदिक पौराणिक) विषय के तृष्णारहित को वशीकार संज्ञा वैराग्य होता है॥15॥

हिन्दी टीका–चार प्रकार का वैराग्य क्रम से होता है, यतमान, व्यतिरेक, एकेन्द्रिय व वशीकार संज्ञा अर्थात चार प्रकार से वैराग्य चित्त में प्राप्त होता है। प्रथम जिस–जिस भोग की चित्त में प्रीति है उनमें इन्द्रिय प्रवृत्त करने वाले का जो भोग से संतोष धारण करके त्याग करने का यत्न करना है उसको यतमान वैराग्य कहते हैं। फिर कुछ से संतुष्ट होकर त्याग करने को व्यतिरेकसंज्ञा वैराग्य कहते हैं, फिर सब संसारी भोग में इन्द्रिय प्रवृत्त करने से मन से उदासीन हो त्यागने को एकेन्द्रिय वैराग्य कहते हैं। इसके पश्चात् जहां तक स्त्री अन्न पान आदि सुख जो देख जाते हैं। व गुरुवाक्य से सुने व वेद में वर्णित स्वर्ग आदि दिव्य व अदिव्य सुख विषय में नाश परिताप ईर्ष्या दोषों के अभ्यास से साक्षात् करके उनमें उदासीनता धारण करके मन को वशकर तृष्णात्याग करने को वशीकारसंज्ञा वैराग्य कहते हैं॥15॥

ऊपर वैराग्य को कहकर अब पर वैराग्य का वर्णन करते हैं–

तत्परं पुरुषख्यातेर्गुणवैतृष्ण्यम्॥16॥

अर्थ– पुरुषख्याति से उससे पर अर्थात् वशीकार संज्ञा वैराग्य से अधिक गुण वैतृष्ण्य नामक परवैराग्य होता है॥16॥

हिन्दी टीका–सूत्र का अभिप्राय यह है कि, जिन योग के अंगों का आगे वर्णन किया जायेगा उन योग के अंगों के अनुष्ठान से अतिशुद्धता रहित चित्त के विषयों में दोष देखने से वशीकारसंज्ञक (नामक) वैराग्य के होने में गुरु व शास्त्र से उपदेश की गई जो पुरुषख्याति धर्ममेघ[1] नामक

1. पुरुषधर्म का ज्ञान जिसमें हो उसकी धर्ममेघसंज्ञा है संस्कृत में इसका अर्थ इस प्रकार से जानना चाहिये "कैवल्यफलरूपमशुल्कमकृष्णं धर्मविशेष मेहतीति सिंवतीति धर्ममेघः।"

है उसके अभ्यास ध्यानरूप से राजोगुण, तमोगुण मलरहित चित्त सत्त्वगुणमात्र शेष अति प्रसन्न होता है यह अतिशुद्धचित्त होने का धर्म है प्रसन्नता धर्ममेघ पुरुष की उत्तर मर्यादा है उसके फल वशीकार संज्ञा से पर (उत्कृष्ट) जो रजोगुण, तमोगुण, सत्त्वगुणों के विषयों की तृष्णा से रहित होता है उसको गुण वैतृष्ण्य संज्ञक परवैराग्य कहते हैं। इसी को मोक्ष का हेतु व इसके उदय होने से सम्पूण क्लेश व कर्माशय से रहित पुरुष कृतार्थ होता है यह योगीजन कहते हैं। इससे यह अभिप्राय नहीं है कि अपने ज्ञान आनन्द स्वाभाविक गुण से वैराग्य होना कहा है, किन्तु रजोगुण, तमोगुण दूर होने के पश्चात् सत्त्वगुण रह जाता है उससे जो उत्पन्न प्रसन्नता है उससे भी वैराग्य होने से (त्रिगुणमात्र सबसे वैराग्य होने से) व केवल आत्मानन्द वा ब्रह्मानन्द में मग्न होने से तात्पर्य है; क्योंकि त्रिगुण विषय जन्म सुख सब नाशवान् अनित्य है इससे उनमें विराग होना ही उचित है।।16।।

अब वैराग्य अभ्यास से साध्य संप्रज्ञात व असंप्रज्ञात योग को क्रम से वर्णन करते हैं :

वितर्कविचारानन्दास्मितारूपानुगमात्संप्रज्ञात:।।17।।

अर्थ– वितर्क विचार आनन्द अस्मितारूप अनुगम से संप्रज्ञात योग होता है।।17।।

हिन्दी टीका–वित्तर्क, विचार, आनन्द व अस्मितारूप प्राप्त भेद से चार प्रकार का संप्रज्ञात योग होता है। जैसे निशाना लगाने वाला प्रथम बड़े निशाने में बाण चलाने का अभ्यास करता है पश्चात् उससे छोटे में इस प्रकार से जहाँ तक सूक्ष्म में उसको अभीष्ट है वहाँ तक क्रम से अभ्यास करता है इसी प्रकार से योगी प्रथम अतिसूक्ष्म में चित्त स्थिर करने को समर्थ न होकर स्थूल का ध्यान करके साक्षात् करता है जैसे–सूर्य आदि, किसी साकार पदार्थ का ध्यान करके साक्षात् करना इसको 'वितर्क' योग कहते हैं। इसी वितर्क में स्थूल के ध्यान के अभिप्राय से बहुत आचार्य राम, कृष्ण, विष्णु आदि के रूप के ध्यान को ग्रहण करते हैं। यह ध्यान योगी को मुख्य अभीष्ट नहीं है, परन्तु जैसे प्रथम घट वा अन्य, कोई बड़े पदार्थ में निशाना लगाना सीखने के अर्थ उपयोगी (सहायक) है इसी

प्रकार के स्थूल ध्यान अभीष्टध्यान का उपयोगी है। इसके पश्चात् अर्थात् स्थूल के साक्षात् करने के पश्चात् स्थूल के कारण रूप सूक्ष्म पांच मात्रा; रूप, रस, गंध, स्पर्श, शब्द इनको ध्यान कर के साक्षात् करने को 'विचार' योग कहते है। यथा-सूर्य के आकार को छोड़कर तेज मात्र रूप का ध्यान करना इत्यादि प्रथम जो वितर्क है वह स्थूल, सूक्ष्म, इन्द्रिय, अस्मिता, चतुर्विषयक है अर्थात् चार विषयरूप है। व विचार तीन सूक्ष्म इन्द्रिय अस्मिता विषयक है। तिस पीछे स्थूल इन्द्रियों का जो ज्ञान के प्रकाश के हेतु होने से सत्त्वरूप है, ध्यान करके साक्षात् करना 'आनन्द' योग है यह इन्द्रिय अस्मितादिविषयक है। इन्द्रियों के साक्षात् करने के पश्चात् इन्द्रियों की कारण बुद्धि जो ग्रहण करने वाले पुरुष के साथ एक भाव को प्राप्त है वह 'अस्मिता' है। ध्यान से उसके साक्षात् करने को अस्मिता योग कहते हैं। इस प्रकार से सवितर्क, सविचार, सानन्द व सास्पिता ये चार भेद संप्रज्ञात योग के हैं। भोगविषय में इन्द्रिय सवितर्क त्रिगुणात्मक चित्त सविचार अहंकार सानन्द महतत्त्व सास्मिता कहे गये है। 'मैं हूं' ऐसा विषयग्राहक अन्तःकरण अहंकार है। सत्तामात्र महत्तत्त्व में लीन सत्तामात्र अवभासक अस्मिता है यह दोनों का भेद है, इनका धारण करने वाला पुरुष है।।17।।

विरामप्रत्ययाभ्यासपूर्वः संस्कारशेषोऽन्यः।।18।।

अर्थ– विराम प्रत्यय का अभ्यास है पूर्व में जिसके ऐसा संस्कार शेष अन्य अर्थात् असंप्रज्ञात योग है।।18।।

हिन्दी टीका–विराम जो वृत्तियों का अभाव है उसका प्रत्यय (कारण) वैराग्य है इसमें विराम प्रत्यय वैराग्य की संज्ञा है। वैराग्य का अभ्यास है पूर्व उपाय में जिसके ऐसा संस्कार शेष जो असंप्रज्ञातयोग है जिसमें पर वैराग्य संप्रज्ञान के संस्कारों को भी मिटा करके अपने संस्कारों को बाकी रखता है वही निर्बीज समाधि है; क्योंकि यह वैराग्य संस्कारमात्र शेष (बाकी) जो असंप्रज्ञात है इसमें सब कर्मबीज का नाश हो जाता है। यह असंप्रज्ञात योग दो प्रकार का होता है, भवप्रत्यय व उपाय प्रत्यय जैसा आगे सूत्र में वर्णन करते हैं।।19।।

भवप्रत्ययो विदेहप्रकृतिलयानाम्॥19॥

अर्थ– विदेहप्रकृतियों को भवप्रत्यय होता है॥19॥

हिन्दी टीका–जो योगी विदेह देह से रहित असंप्रज्ञात योग को प्राप्त प्रकृति में चित्त को लीन करते हैं अर्थात् प्रकृति महत्तत्त्व अहंकार पंचतन्मात्राओं में प्रकृति ही के आत्मा होने की भावना करके लीन हुए हैं, उन विदेह प्रकृति लयों को भवप्रत्यय असंप्रज्ञात योग होता है। अविद्या में सम्पूर्ण जीव भव (उत्पन्न) होते हैं इससे अविद्या का नाम भव है, भव (अविद्या) है प्रत्यय (हेतु) जिसका वह भव प्रत्यय असंप्रज्ञात है इसमें चित्त लीन होने में भी संस्कार शेष रहता है। चित्त संस्कार होने से फिर चित्तसंस्कार के उठने में सोये हुए चित्त के तुल्य संसार में पतित होता है यह मुमुक्षुओं को त्याग करने के योग्य है॥19॥

अब जो ग्रहण के योग्य है वह वर्णन करते हैं :

श्रद्धावीर्यस्मृतिसमाधिप्रज्ञापूर्वक इतरेषाम्॥20॥

अर्थ– श्रद्धा, वीर्य, स्मृति, समाधि, प्रज्ञापूर्वक इतरों को अर्थात् मुमुक्षुओं को॥20॥

हिन्दी टीका–प्रथम सात्त्विकी श्रद्धा होती है; श्रद्धा से वीर्य अर्थात् प्रयत्न होता है। प्रयत्न से यम नियम आदि एक एक के पर साधन करते स्मृति होती है अर्थात् ध्यान होता है। स्मृति शब्द यहाँ ध्यानवाचक है। ध्यान से समाधि होती है जिससे प्रज्ञा के अभ्यास से संप्रज्ञात योग होता है; जिससे पर वैराग्य से मुमुक्षुओं को असंप्रज्ञातयोग होता है, इस प्रकार श्रद्धा से लेकर प्रज्ञापर्यन्त जो उपाय हैं तिनपूर्वक उपाय प्रत्यय होता है यह उपाय प्राणियों को पूर्वसंस्कार के बल से मृदु, मध्य, अधिमात्र तीन प्रकार से होता है। इसी प्रकार के योगी तीन प्रकार के होते हैं। मृदु उपाय, मध्य उपाय व अधिमात्र उपाय। जिनमें मृदु उपाय त्रिविध होता है। मृदुसंवेग, मध्यसंवेग व तीव्रसंवेग इसी प्रकार से मध्य उपाय अधिमात्र उपाय में भी जानना चाहिये, इस प्रकार से नव प्रकार के योग होते हैं। जिनको चिर व चिरतर और क्षिप्र व क्षिप्रतर सिद्धियाँ प्राप्त होती हैं अर्थात् बहुत काल व और भी बहुत वा अधिक काल व जल्दी व बहुत ही जल्दी पूर्वसंस्कार के अनुसार सिद्धियां प्राप्त होती हैं॥20॥

उपाय करने वालों में किसी किसी को शीघ्र (जल्दी) सिद्धियाँ प्राप्त होती हैं सो आगे सत्र में वर्णन करते हैं:

तीव्रसंवेगानामासन्नः॥21॥

अर्थ– तीव्रसंवेग योगियों को समाधि॥21॥

हिन्दी टीका–जिन योगियों का संवेग (वैराग्य) उत्कृष्ट है, उपाय अभ्यास अधिमात्र है अर्थात् अधिक है, उनको जल्दी असंप्रज्ञात समाधि की प्राप्ति होती है व उससे जल्दी मोक्षलाभ होता है॥21॥

मृदुमध्याधिमात्रत्वात्ततोऽपि विशेषः॥22॥

अर्थ– मृदु मध्य अधिमात्र होने से उससे भी विशेष है॥22॥

हिन्दी टीका–मृदु, मध्य व अधि ये तीनों उत्तरोत्तर एक एक से अधिक फल देने वाले हैं। अर्थात् मृदु तीव्रसंवेग योगी के समाधि से मध्य तीव्र संवेग को अधिक जल्दी समाधि लाभ व अधिमात्र तीव्रसंवेग को अत्यंत दृढ़ व बहुत ही जल्दी समाधि लाभ होता है, यह विशेषता है, जिससे तीव्र संवेग समाधि से अर्थात् मृदु तीव्रसंवेग समाधि से भी मध्यतीव्र संवेग आदि विशेष हैं॥22॥

ईश्वरप्रणिधानाद्वा॥23॥

अर्थ– अथवा ईश्वर प्रणिधान से॥23॥

हिन्दी टीका–कायिक, वाचिक व मानसिक ईश्वर प्रणिधान से अर्थात् भक्ति विशेष से ईश्वर में चित्त लगाने से बहुत जल्दी दृढ़ समाधि होता है अथवा जो कहा है। यह प्रथम जो उपाय कहा है उससे भिन्न यह दूसरा उपाय जानने के अर्थ इस सूत्र में कहा है॥23॥

जिस ईश्वर के प्रणिधान से समाधि लाभ होता है उसका लक्षण क्या है? इस विज्ञापन जनाने के अर्थ आगे सूत्र में ईश्वर का लक्षण वर्णन करते हैं:

क्लेशकर्मविपाकाशयैरपरामृष्टः पुरुषविशेष ईश्वरः॥24॥

अर्थ– क्लेश कर्म विपाक आशयों से रहित पुरुषविशेष ईश्वर है॥24॥

हिन्दी टीका–अविद्या, अस्मिता, राग, द्वेष, अभिविनेश, यह पांच क्लेश

व कर्म, धर्म, अधर्म तिनके फल फलानुकूल संस्कार आशय जो मन में रहते हैं उसके सम्बन्ध से रहित जो पुरुषविशेष है वह ईश्वर है। विशेषपद से यह प्रयोजन है कि, जैसे अन्यकर्मविपाक आशयसहित सांसारिक पुरुष हैं व क्लेश आदि भोग करते हैं, ऐसा ईश्वर नहीं है। तीनों काल में ईश्वर क्लेश आदि सम्बन्ध से रहित है। इससे अन्य पुरुषों से विशेष है। मुक्त जीवों से भी विशेष है। क्योंकि मुक्तजीव भी पूर्वकाल में त्रिगुण बंध में थे, वे विवेकद्वारा मुक्त हुए हैं। ईश्वर अनादि शुद्धसत्त्वात्मक त्रिकाल में अविवेक बन्धनरहित है पुरुष विशेष कहने से त्रिकाल निर्बध ज्ञानमय ईश्वर के होने से अभिप्राय है।।24।।

तत्र निरतिशयं सर्वज्ञबीजम्।।25।।

अर्थ– तिसमें निरतिशय ज्ञान सर्वज्ञ होने का बीज है।।25।।

हिन्दी टीका–जिससे अधिक अन्य न हो उसको निरतिशय कहते हैं। जिसमें (ईश्वर में) जो निरतिशय ज्ञान है वह ईश्वर के सर्वज्ञ होने का बीज है अर्थात् सर्वज्ञ होने का ज्ञापक (जनानेवाला) है अर्थात् जिसमें निरतिशय ज्ञान है उसमें सर्मज्ञत्व है, यह जनाता है।।25।।

जो यह संशय हो कि शिव, विष्णु आदि को ईश्वर मानना चाहिए इस संशय निवारण के अर्थ आगे सूत्र में विशेषता वर्णन करते हैं :

स एष पूर्वेषामपि गुरुः कालेनानवच्छेदात्।।26।।

अर्थ– काल परिणाम रहित होने से पूर्ववालों का भी गुरु है।।26।।

हिन्दी टीका–पूर्व में जो शिव विष्णु आदि सिद्ध हुए हैं वह काल के अधीन हैं उत्पत्ति प्रलय को प्राप्त होते हैं। ईश्वर काल अधीन वा कालपरिमाण संयुक्त नहीं है। इससे पूर्ववाले सिद्ध शिव, विष्णु आदि का भी गुरु है अर्थात् उन से भी श्रेष्ठ है।।26।।

तस्य वाचकः प्रणवः।।27।।

अर्थ– उसका वाचक प्रणव है।।27।।

हिन्दी टीका–उस ईश्वर का वाचक प्रणव (ॐकार) है अर्थात् ॐ यह ईश्वर का अति उत्तम नाम है। केवल इस एक नाम से ईश्वर के अनेक

नाम गुणों का ग्रहण होता है 'अ उ म' ये तीन अक्षर मिलकर ॐ होता है। अकार विराट् अग्नि विष्णु आदि अर्थ का वाचक है, उकार से हिरण्यगर्भ शंकर तैजस नामों का ग्रहण होता है, और मकार से ईश्वर प्राप्त प्रकृति आदि नामों का ग्रहण होता है। अब इन सबका अर्थ भाषा में वर्णन किया जाता है-ईश्वर विराट् है अर्थात् विविध प्रकार के जगत् में शोभित प्रकाशित है। अग्नि है अर्थात् वेदशास्त्र ज्ञानवानों से सत्कार किया गया पूजित है। विष्णु है अर्थात् सम्पूर्ण आकाश से पृथ्वीपर्यंत भूतों में व्यापक है। हिरण्यगर्भ अर्थात् सम्पूर्ण हिरण्य नाम तेजवान् पदार्थ सूर्य आदि जिसके गर्भ में अर्थात् अंतर्गत प्राप्त हैं ऐसा हिरण्यगर्भ ईश्वर है। शंकर है अर्थात् कल्याण आनंद का करने वाला है। तैजस है अर्थात् तेजस्वरूप प्रकाशरूप है। ईश्वर है अर्थात् सम्पूर्ण ऐश्वर्य को प्राप्त है। प्राज्ञ है अर्थात् ईश्वर अतिउत्कृष्ट ज्ञानरूप है। प्रकृति है अर्थात् प्रकर्ष करके सब जगत् का उत्पन्न करने वाला कारण है। यह सब स्तुतिवाचक नाम और अर्थ का ग्रहण ॐ शब्द मात्र से होता है। यह संक्षेप अर्थ है इससे अधिक प्रणव का अर्थ है। इससे अनेक ईश्वर के नाम व स्तुति वाचक प्रणव ईश्वर का सब नामों में से उत्तम नाम है।।27।।

तज्जपस्तदर्थभावनम्।।28।।

अर्थ– उसका जप उसके अर्थका भावन है।।28।।

हिन्दी टीका–उसका अर्थात् प्रणव का जप व उसका अर्थ जो ईश्वर है उसका भावन है अर्थात् प्रणव का जप करते हुए ईश्वर की भावना करते हुए योगी का चित्त एकाग्रता को प्राप्त होता है व एकाग्र व जप अभ्यास में प्राप्त चित्त में परमात्मा प्रकाशित होता है।।28।।

ततः प्रतयक्चेतनाधिगमोप्यन्तरायाभावश्च।।29।।

अर्थ– उससे भिन्न चेतना साक्षात्कार होता है व विघ्नों का भी अभाव होता है।।21।।

हिन्दी टीका–उससे अर्थात् प्रणव के जप व ईश्वर प्रणिधान से जैसे ईश्वर असंग ज्ञानरूप क्लेश आदि शून्य है इसी तरह जीव चेतनरूप क्लेशरहित है सदृश हांने से ईश्वर के ध्यान से ईश्वर के अनुग्रह द्वारा जीवस्वरूप

चेतन सब क्लेशों से भिन्न साक्षात्कार होता है व योग के विघ्नों का भी अभाव (नाश) होता है।।21।।

अब जो विघ्न चित्त को योग से भ्रष्ट व पतित करते हैं उनका सूत्र में वर्णन करते हैं :

व्याधिस्त्यानसंशयप्रमादालस्याविरतिभ्रान्ति दर्शनालब्ध-भूमिकत्वानवस्थितत्वानि चित्तविक्षेपास्तेऽन्त-रायाः।।30।।

अर्थ– व्याधि स्त्यान संशय प्रमाद आलस्य अविरति भ्रांति दर्शन अलब्धभूमिकत्व व अनवस्थितत्व जो चित्त के भ्रष्ट करने वाले हैं यह विघ्न हैं।।30।।

हिन्दी टीका–चित्त के विक्षेप करने वाले विघ्न तो महापापरूप हैं वे ही योग में भी विघ्न डालने वाले हैं। अपने प्रभाव से संसृति से रहित नहीं होने देते हैं, भवसागर में डाल देते हैं। उनका विवरण किया जाता है। वात, पित्त, कफ व अन्नरस इन्द्रियों की विषमता व्याधि है; चित्त अत्यन्त चाहता है, परन्तु वह कर्म करने को समर्थ न होना स्त्यान है; जिसमें संशय होता है उसका ग्रहण नहीं होता, इससे संशय विघ्न है; योग के अंगों के अनुष्ठान करने में प्रीति न होना प्रमाद है. शरीर व चित्त की गुरुता (गरुवई) से अर्थात् शरीर व चित्त में आराम की इच्छा से योग में प्रवृत्त न होना आलस्य है; विषय की तृष्णा अविरति है, यथार्थ रूप का ज्ञान न होना अन्य-अन्य ज्ञान होना भ्रांतिदर्शन है; चित्त का समाधि भूमि में स्थिर न होना अलब्धभूमिकत्व है; समाधि भूमि को लाभ करके चित्त का उसमें स्थिर न रहना अनवस्थितत्त्व है। यह नव प्रकार के विघ्न हैं।।30।।

दुःखदौर्मनस्याङ्गमेजयत्वश्वासप्रश्वासविक्षेपसहभुवः।।31।।

अर्थ– दुःख दौर्मनस्य अंगमेजयत्व श्वास प्रश्वास विक्षेप के साथ होते हैं।।31।।

हिन्दी टीका–ऊपर कहे हुए व्याधि आदि के सहकारी ये दुःख आदि भी योग के विघ्न हैं। व्याधि से उत्पन्न शारीरिक दुःख, काम आदि से

मानसिक दु:ख दोनों से आध्यात्मिक दु:ख, व्याघ्र आदि से उत्पन्न आधिभौतिक दु:ख और ग्रहपीड़ा आदि आधिदैविक दु:ख भी विघ्न हैं। इच्छा के विघात से मन में क्षोभ होना दौर्मनस्य (द्वेष) है; बिना इच्छा अंग का काँपना अंगमेजयत्व है; तथा बिना पूरक रोचक बिना इच्छा निष्फल वायु का भीतर जाना श्वास व कोष्ठ के वायु का बाहर निकलना प्रश्वास विक्षेपों के साथ यह होते हैं अर्थात् विक्षिप्त चित्त में ये दु:ख दौर्मनस्य आदि होते हैं।।31।।

तत्प्रतिषेधार्थमेकतत्त्वाभ्यास:।।32।।

अर्थ– उनके नाश के अर्थ एक तत्त्व का अभ्यास करना चाहिये।।

हिन्दी टीका–उन विघ्नों के नाश के अर्थ एकतत्त्व जो ईश्वर उसका अभ्यास (उपास ध्यान) करना चाहिये।।32।।

अब चित्त के शुद्ध होने व एकाग्र होने का उपाय क्या है? सो आगे सूत्र में वर्णन करते हैं :

मैत्रीकरुणामुदितीपेक्षाणां
सुखदु:खपुण्यापुण्यविषयाणां
भावनातश्चित्तप्रसादनम्।।33।।

अर्थ– सुखी प्राणियों में मित्रता दु:खी प्राणियों में दया पुण्यशीलों में अर्थात् धर्मवानों में हर्ष, व अपुण्यशील अधर्मवानों में उदासीनता भावना करने से चित्त की प्रसन्नता होती है।।33।।

हिन्दी टीका–सुखी प्राणियों में मित्रता भाव करने से ईर्षामल की निवृत्ति होती है। दु:खी में दया अर्थात् दु:ख दूर करने की भावना करने से उपकार करने की इच्छारूप पापमल चित्त से दूर होता है; धर्मवानों में हर्ष भावना करने से असूया (पैलगाना) का पापमल चित्त से दूर होता है और पापीपुरुषों में मध्यस्थ वृत्ति अर्थात् हर्ष शोक दोनों न करके उदासीन रहने की भावना करने से क्रोधमल चित्त से दूर होता है, इस प्रकार से रज तम गुण निवृत्त होने से उत्तम शुद्ध सात्त्विक धर्म प्राप्त होता है व चित्त प्रसन्न व योग अभ्यास के योग्य होता है।।33।।

प्रच्छर्दनविधारणाभ्यां वा प्राणस्य॥34॥

अर्थ– **वा (या) प्राण के प्रच्छर्दन व विधारणसे॥34॥**

हिन्दी टीका–मैत्री आदि जो उपाय चित्त के प्रसन्न होने के पूर्वसूत्र में कहा है उसमें अन्य उपाय यह भी है यह सूचन करने के अर्थ 'वा' शब्द सूत्र में कहा है। प्राणवायु को नासिका पुटद्वारा रेचन करना (बाहर निकालना) प्रच्छर्दन है व उसको बाहर रोक रखना विधारण है। प्रच्छर्दन व विधारण करने से चित्त शांत हो स्थिति को प्राप्त होता है। प्राण के जीतने से चित्त भी जीता जाता है। प्राणायाम से पाप दूर होते हैं। पाप दूर होने से चित्त स्थिर होता है॥34॥

विषयवती वा प्रवृत्तिरुत्पन्ना मनसः स्थितिनिबन्धनी॥35॥

अर्थ– **वा विषयवती प्रवृत्ति उत्पन्न मन की स्थिति की निबन्धन करने वाली है॥35॥**

हिन्दी टीका–इस सूत्र में भी उपायान्तर (अन्य उपाय) जानने के अर्थ 'वा' शब्द रखा है नासिका के अग्रभाग में चित्त के संयम से (संयम, धारणा, ध्यान समाधि तीनों का समुदाय वाचक हैं जैसा आगे ग्रन्थ में वर्णन किया गया है) गन्ध साक्षात्कार होता है। जिह्वा के अग्र में संयम करने से दिव्य रस, मध्य में संयम से स्पर्श, मूल में संयम से शब्दसाक्षात्कार होता है। यह गंध आदि विषयवती प्रवृत्ति जल्दी उत्पन्न हो विश्वास की कारण होकर अति सूक्ष्म ईश्वर में मन के स्थिति को प्राप्त करती है। शास्त्र में कहे हुए किसी अनुभव के होने से सूक्ष्म में भी श्रद्धापूर्वक संयम में प्रवृत्त होता है॥35॥

विशोका वा ज्योतिष्मती॥36॥

अर्थ– **विशोका वा (या) ज्योतिष्मती॥36॥**

हिन्दी टीका–हृदय में जो अधोमुख अष्ठदल हृदय रूप कमल है उसको रेचक वायु से ऊर्ध्वमुख करके उसके बीच में स्थित ऊर्ध्व है मुख जिसका ऐसी सुषुम्ना नाड़ी में संशय करने से मनसंवित् होता है अर्थात् मन में प्रकाश रूप साक्षात्कार होता है। वह मन, सूर्य, चन्द्र, नक्षत्र

मणिगणों का जो तेज है उस उस रूप से अनेक प्रकार का होता है। उनका सात्त्विक ज्योति मन है। उसका कारण सात्त्विक अहंकार है। उसका भी ज्योति है उसके ज्योतिस्स्वरूप के संयम से संवित् होता है। वह संवित् दो प्रकार का होता है–ज्योतिष्मती व विशोका, प्रकाश प्राप्त होने से ज्योतिष्मती संज्ञा है व दु:खशून्य होने से विशोकासंज्ञा है। यह विशोका वा ज्योतिष्मती प्रवृत्ति उत्पन्न मन के स्थिति का हेतु होती है।।36।।

अब अन्य हेतु मन के स्थिर होने का वर्णन करते हैं :

वीतरागविषयं वा चित्तम्।।37।।

अर्थ– अथवा वीतरागविषय चित्त।।37।।

हिन्दी टीका–वीतराग जो व्यास, शुक आदि हैं उनका भाव (विषय) जिस चित्त का विषय है वा होता है वह स्थिर होता है अर्थात् वीत रागों के चित्त का भाव जो विराग है वह विषय है जिस चित्त का वह स्थिर होता है अर्थात् जिस चित्त में विराग होता है वह स्थिर होता है। चित्त रागरहित होना भी चित्त की स्थिरता का उपाय है। रागसहित चित्त कभी स्थिर नहीं होता है यह फलितार्थ है।।37।।

स्वप्ननिद्राज्ञानावलम्बनं वा।।38।।

अर्थ– या स्वप्रज्ञानावलंबन न निद्राज्ञानावलंबन योगी के चित्त के स्थिर होने का हेतु है।।38।।

हिन्दी टीका–स्वप्न में जो अत्यंत मनोहर स्वरूप किसी देवता वा महात्मा का देखे कोई प्रकाश व तेजमान पदार्थ देखे जिससे चित्त प्रसन्न हो उसमें चित्त लगाने ध्यान करने से चित्त स्थिर होता है अथवा निद्रा जो सुषुप्ति है जो सुख दु:ख से रहित हो, शांत रहता है, उस ज्ञान को चित्त में धारण करे तो चित्त स्थिर होता है अर्थात् स्वप्न ज्ञानावलंबन और निद्राज्ञानावलंबन से भी योगी का चित्त स्थिर होता है।।38।।

यथाभिमतध्यानाद्वा।।39।।

अर्थ– वा यथाभिमत ध्यान से।।39।।

हिन्दी टीका–जिसको चित्त चाहे, जिसमें प्रीति हो, उसी का ध्यान करें, जब उसमें चित्त स्थिर हो जायगा तब उससे भिन्न अन्य में भी स्थिति को

लाभ करेगा इससे यथा करने से भी योगी का चित्त स्थिति पद का लाभ करता है।।31।।

परमाणुपरममहत्त्वान्तोऽस्य वशीकारः।।40।।

अर्थ– परमाणु व परम महत्त्व के अंत तक इसका वशीकार है।।40।।

हिन्दी टीका–सूक्ष्म के अंत में परमाणु तक व स्थूल के अंत में परम महत्त्व (विराट् स्वरूप) तक इसका चित्त का वशीकार है। अभिप्राय यह है कि, सूक्ष्म में परमाणु तक व स्थूल में महत्त्व तक चित्त स्थिति पद को लाभ करता है। अति सूक्ष्म व अति स्थूल दोनों कोटि में जाता जो चित्त है उसका कहीं रोक न होना व कहीं राग को प्राप्त न होना, यह परवशीकार है। इस वशीकार से योगी का चित्त परिपूर्ण होकर स्थिर होकर फिर अभ्यास व कर्म की अपेक्षा नहीं करता।।40।।

जब चित्त स्थिति को लाभ करता है तब उसका क्या स्वरूप क्या विषय होता है यह वर्णन करते हैं :

क्षीणवृत्तेरभिजातस्येव मणेर्ग्रहीतृग्रहणग्राह्येषु तत्स्थ-तदञ्जनता समापत्तिः।।41।।

अर्थ– क्षीणवृत्ति चित्त का अति स्वच्छ मणि के तुल्य ग्रहणकर्ता ग्रहण ग्राह्य में उनमें स्थित होना उनके स्वरूपाकार होना समापत्ति है।।41।।

हिन्दी टीका–जब चित्त की वृत्तियों का नाश हो जाता है तब चित्त स्वच्छमणिरूप प्रकाशित होता है फिर जिस उपाधि में वह चित्त लग जाता है तब उसी के तुल्य प्रतीत होने लगता है। ग्रहीता जैसा अभिजात मणि अर्थात स्वच्छ स्फटिकमणि जपाकुसुम आदि के समीप उन्हीं के रक्त (लाल) आदि रंग वा रूप के सदृश भासित होता है इसी प्रकार से अभ्यास वैराग्य करके रजोगुण तमोगुण वृत्तियों से रहित चित्त मणि सत्त्वरूप स्वच्छ ग्राह्य, स्थूल सूक्ष्मभूत ग्रहणकरणरूप इन्द्रिय व ग्रहणकर्ता पुरुष इनकी आकारता को प्राप्त होता है अर्थात् इनके रूप से भासित होता है। सूक्ष्म भूत में उपरक्त सूक्ष्मभूत आकार स्थूल में स्थूल स्वरूप आकार ग्रहणरूप इंद्रियों में इन्द्रिय आकार व ग्रहणकर्ता पुरुष अवलंबन

में उपरक्त पुरुष स्वरूप से भासित होता है। इस प्रकार से ग्रहीता (ग्रहण कर्ता) व ग्रहण व ग्राह्यपुरुष इंद्रियभूतों में जिसमें जो स्वरूप आकार है उसमें स्थित हो उसी स्वरूप आकार से भासित होता है अर्थात् स्वच्छचित्त जिस पदार्थ में संयम करता है उसी रूप से आप भासित होता है। यह संप्रज्ञात योग है जो पूर्व ही कहा गया है।।41।।

तत्र शब्दार्थज्ञानविकल्पैः संकीर्णा सवितर्का समापत्तिः।।42।।

अर्थ– तिनमें शब्द अथ ज्ञान के विकल्पों से मिली हुई सवितर्का समापत्ति है।।42।।

हिन्दी टीका–समापत्ति समाधि को कहते हैं पूर्वसूत्र में जो ग्रहणकर्ता, ग्रहण, व ग्राह्यरूप चित्त का भासित होना समापत्ति वर्णन किया है, यही संप्रज्ञात योग है जिसके सवितर्क सविचार सानन्द सस्मिताभेद कहे गये हैं तिनके लक्षण यहां सूत्रों में क्रम से सूत्रकार वर्णन करते हैं। तिन में प्रथम सवितर्क समापत्ति का लक्षण इस सूत्र में कहा है कि, तिन में समापत्तियों में शब्द अर्थ व ज्ञान के विकल्पों से मिली हुई जो समापत्ति है वह सवितर्क समापत्ति है। जैसे गौ यह संज्ञा शब्द है जिस पदार्थ का वाचक गौ शब्द है वह अर्थ है शब्द व अर्थ का जो बोध होता है वह ज्ञान है। यद्यपि विकल्प से यह तीन हैं तथापि बिना विभाग के इनका ग्रहण एक ऐसा गौ पदार्थ का लोक में किया जाता है। जब इनके विभाग किये जाते हैं तब शब्द आदि भिन्न-भिन्न जाने जाते हैं। इनको भेदरहित अर्थात् शब्द व ज्ञान के भेदरहित गौ अर्थ में समाहित चित्त योगी को समाधि में यथा कल्पित अर्थमात्र साक्षात्कार होता है, तथा शब्द अर्थ ज्ञानों के विकल्प से संकीर्ण समाधि प्रज्ञा यथा कंल्पित शब्दमात्र वा ज्ञानमात्र स्वरूप से साक्षात्कार होती है। विकल्पत्व के विशेष न होने से यह संकीर्णा समापत्ति सवितर्का समापत्ति कही जाती है।।42।।

स्मृतिपरिशुद्धौ स्वरूपशून्ये वार्थमात्र निर्भासानिर्वितर्का।।43।।

अर्थ– स्मृति परिशुद्धि होने में स्वरूप शून्य ऐसा अर्थमात्र का भासित होना निर्वितर्का है।।43।।

हिन्दी टीका–स्मृति की परिशुद्धि हो जाने से अर्थात् याददाश्त न रहने से अपने रूप को भी नहीं जानता, केवल उसको अर्थमात्र अर्थात् पदार्थमात्र भासित होता है। परिशुद्धि शब्द का अभिप्राय त्याग वा रहित होने से है शब्दों की शक्ति रूप संकेत विकल्पित अर्थों में ग्रहण किया जाता है शब्द संकेत व श्रुत व अनुमान इनका ज्ञान ही विकल्प है। विकल्प की कारण स्मृति है। जो स्मृतिरहित समाधि प्रज्ञा में उसका जो स्वरूप ग्रहणात्मक है उसमें भी शून्य के तुल्य केवल ध्येय अर्थमात्र भासित होता है, वह निर्वितर्का समापत्ति है अर्थात् जो समाधि प्रज्ञा स्मुतिरहित हो व स्मृति के त्याग वा रहित होने से अपना जो स्वरूप ग्राह्य के ग्रहण करने का है उसका त्याग करके ग्राह्यपदार्थ रूप के सदृश होती है वह निर्वितर्का समापत्ति है। सवितर्का की अपेक्षा यह पर प्रत्यक्ष है; क्योंकि सत्य अर्थमात्र विकल्परहित का इसमें प्रत्यक्ष होता है। वह सत्य अर्थ अवयवी स्थूल पदार्थ है। कोई यह शंका करते हैं कि, परमाणु पुंज से भिन्न अवयवी नहीं है। अवयवी मानना मिथ्या ज्ञान है। इसका उत्तर यह है कि, जो अवयवी नहीं हैं, परमाणु पुंज का एकत्र होना ही स्थूलरूप परिणाम है तो परमाणु कारण से कार्यरूप स्थूल होना संभव नहीं होता; क्योंकि जो स्थूल परिणाम परमाणु से भिन्न माना जाय तो कारण कार्य सम्बन्ध नहीं रहता जैसे पट व घट में पट से घट व घट से पट होना असंभव है और जो अभिन्न (पृथक्ता वा भेदरहित) अंगीकार किया जावे तो परमाणु के सदृश सूक्ष्म अदृश्य होना चाहिये व अदृश्य होने पर भी जहां तक अवयवी होने का बुद्धि द्वारा अनुमान होवे वह सब मिथ्या ज्ञान है। सब मिथ्या होने में सब होने का ज्ञान भी विषय के अभाव से कुछ न रहेगा जिस-2 स्थूल पदार्थ की उपलब्धि (प्रत्यक्षता) होती है उनके अवयवी होने से होती है जिससे अवयवी ही है अवयवी महान् (स्थूल) होने का कारण व निर्वितर्का समापत्ति का विषय होता है। यह संक्षेप से वर्णन किया गया।।43।।

अब सविचारा निर्विचारा का वर्णन करते हैं :

एतयैव सविचारा निर्विचारा च सूक्ष्मविषया व्याख्याता।।44।।

अर्थ– **इसी के समान सविचारा निर्विचारा भेद से सूक्ष्म विषयरूप वा सूक्ष्मविषयवाली समापत्ति व्याख्यान की गई है।।44।।**

हिन्दी टीका–इसके समान अर्थात् स्थूल विषयों के समान जैसे स्थूल विषय वाली समापत्ति के दो भेद सवितर्का व निर्वितर्का कहे गये हैं। इसी प्रकार से सूक्ष्मविषयों में सविचारा व निर्विचारा दो भेद हैं, यह जानना चाहिये। इससे स्थूल विषया के तुल्य सूक्ष्मविषया समापत्ति व्याख्यानं की गई है, यह समझना चाहिये यह सूत्र का अभिप्राय है। फलितार्थ इसका यह है कि, जैसे स्थूल विषय में सवितर्का व निर्वितर्का दो भेद से समापत्ति ध्येय में होती है इसी प्रकार से सूक्ष्मविषय में अर्थात् सूक्ष्म ध्येय में सविचारा व निर्विचारा दो भेद से समापत्ति होती है। यथा घट आदि यह स्थूल विषय हैं, इनमें प्रत्यक्ष से देखने में परमाणुओं को गन्ध आदि सूक्ष्म मात्रासहित पृथिवी आदि भूतों के पृथक्-पृथक् होने का बोध नहीं होता, विचार से होता है। सूक्ष्म भूत जो स्थूल भूतों को परिणाम घट आदिकों में उपादानरूपकारण व देशकाल के अनुभव से अवच्छिन्न (देशकाल के अनुभवसंयुक्त) जो परमाणु हैं उनमें जो समापत्ति है वह सविचारा कही जाती है यथा घट आदि पदार्थों में जो परमाणु कारण से उत्पन्न एक पदार्थ जाना जाता है उसमें देशकाल कार्य कारण का विचार करना पदार्थ के नीचे, ऊपर, इधर, उधर यह देश है; पदार्थ के बोध होने के समय में वर्तमान काल है गन्धमात्रा की प्रधानता संयुक्त पञ्च तन्मात्राओं से (गन्ध, रस, रूप, स्पर्श, शब्दमात्रों से) पृथिवी के परमाणुओं की उत्पत्ति विचार करने में पञ्चतन्मात्रा कारण है. इसी प्रकार से आप्य (जलवाले) परमाणुओं की उत्पत्ति गन्धवर्जित रस की प्रधानता संयुक्त चार तन्मात्रओं से; तैजस (तेजवालों) की गन्धरसरहित रूप का प्रधानता संयुक्त तीन मात्राओं से, वायवीय (वायुवाले) परमाणुओं की गन्ध, रस, रूप रहित स्पर्श की प्रधानता संयुक्त दो मात्राओं से; व नभ (आकाश) की शब्द तन्मात्रा से होने में जानना चाहिये यहां उत्पत्ति होने से कार्यभाव होना व एक दूसरे की अपेक्षा सूक्ष्म व स्थूल भेद से पर अपर होने से अभिप्राय है यह अनेक विशेषण विशिष्ट विकल्पित परमाणुओं में समापत्ति सविचारा है। सब विशेषण विकल्परहित प्रज्ञास्वरूप शून्य के तुल्य अर्थमात्र परमाणुओं में जो समापत्ति है अर्थात् अर्थमात्र का समाधिप्रज्ञा में भासित होना निर्विचारा समापत्ति है।।44।।

सूक्ष्मविषयत्वं चालिङ्गपर्यवसानम्॥45॥

अर्थ– सूक्ष्म विषय होने की अवधि (मर्यादा) अलिंगपर्यन्त है॥45॥

हिन्दी टीका–पृथिवी के परमाणुओं का तन्मात्रा गन्ध सूक्ष्म विषय है; तथा जल के परमाणुओं का रस, अग्नि के परमाणुओं का रूप, वायु के परमाणुओं का स्पर्श, आकाश का शब्द इनसे सूक्ष्म अहंकार, अहंकार से सूक्ष्म लिंग (महत्तत्व), महत्तत्त्व से सूक्ष्म अलिंग (प्रकृति वा प्रधान) है, प्रधान तक सूक्ष्मता का अन्त है। प्रधान से अधिक सूक्ष्म नहीं है जो यह कहा जावे कि प्रधान से अधिक पुरुष आत्मा है तो यथा प्रधान महत्तत्व आदि के रूप में परिणत होता है, पुरुष नहीं होता; इससे प्रधान ही सृष्टि का आदि सूक्ष्म उपादान कारण है; पुरुष नहीं है। सूक्ष्म कारण तक सूक्ष्मता के अन्त का वर्णन किया है॥45॥

ता एव सबीजसमाधिः॥46॥

अर्थ– वे ही सबीज समाधि हैं॥46॥

हिन्दी टीका–ग्राह्यविषय में जो पूर्व में वर्णन की गई स्थूल अर्थ में सवितर्का निर्वितर्का व सूक्ष्म अर्थ में सविचारा निर्विचारा समापत्ति हैं वह बाह्य पदार्थ के बीज संयुक्त हैं यह चारों मिला के एक सबीज समाधि संज्ञा से कही जाती है। कोई ग्रहणकर्ता व ग्रहण में भी विकल्प अविकल्प भेद से असानन्दा (जिसमें आनन्द नहीं प्राप्त हुआ) व आनन्दा (जिसमें आनन्द प्राप्त हुआ) तथा आसस्मिता (अस्मितारहित) व आस्मिता चार और मानते हैं। अस्मिता ग्रहण कर्त्ता पुरुष को बुद्धिशक्ति द्वारा अपना ही करके मानना चाहिये जैसा आगे वर्णन किया है। यह आठ समापत्ति सब सबीज समाधि हैं॥46॥

निर्विचारवैशारद्येऽध्यात्मप्रसादः॥47॥

अर्थ– निर्विचार के शुद्ध व स्वच्छ होने में प्रकाश रूप स्वाभाविकी प्रसन्नता होती है॥47॥

हिन्दी टीका–रजोगुण, तमोगुण मल के जो ज्ञान का आवरण व अशुद्धरूप है वह दूर हो जाने से बुद्धि सत्त्व का स्वच्छ व स्थिति प्रवाह होना वैशारद्य है। जब निर्विचार समाधि के वैशारद्य की प्राप्ति होती है तब

योगी को आध्यात्म प्रसाद होता है अर्थात् प्रकाशस्वभाव बुद्धिसत्त्व के स्वच्छ व निर्मल होने से अनेक पदार्थ को एक साथ विनाक्रम सूक्ष्म व स्थूल को साक्षात् करता है जैसे पर्वत पर बैठे हुए को नीचे पृथिवी में धरे हुए पदार्थों का दर्शन वा ज्ञान होता है, जब निर्विचार समाधि में प्रवीण हो जाता है तब आत्मा प्रसन्न होता है।।47।।

ऋतम्भरा तत्र प्रज्ञा।।48।।

अर्थ– तिस में प्रज्ञा की ऋतंभरासंज्ञा होती है।।48।।

हिन्दी टीका–तिस में (वैशारद्य के प्राप्त होने में) निर्विचार समाधि से जो प्रज्ञा अर्थात् बुद्धि उत्पन्न होती है उसकी 'ऋतंभरा' संज्ञा है ऋत सत्य को कहते हैं, सत्य का धारण करती है अर्थात् उसमें भ्रम अज्ञान का सर्वथा नाश हो जाता है यथार्थ सत्यज्ञान होता है, इससे 'ऋतंभरा' संज्ञा है।।48।।

श्रुतानुमानप्रज्ञाभ्यामन्यविषयाविशेषार्थत्वात्।।49।।

अर्थ– विषयरूप अर्थ होने से श्रुतप्रज्ञा व अनुमान प्रज्ञा से भिन्न विषयरूप ऋतम्भरा है।।49।।

हिन्दी टीका–पूर्व सूत्र में जो ऋतंभरा प्रज्ञा कही गई है वह श्रुतप्रज्ञा (वेदज्ञान) व अनुमान प्रज्ञा (अनुमानज्ञान) इन दोनों से भिन्न है; क्योंकि वेद में जो शब्द हैं उनका संकेत विशेष ज्ञान के साथ नहीं है। आगमज्ञान सामान्य विषयक है अर्थात् जैसा शब्द अर्थ से जाना जाता है उससे सामान्य होता है। ऋतंभरा प्रज्ञा में विशेष सत्य ज्ञान पदार्थ साक्षात् होता है ऐसा ज्ञान वेदाध्ययन से नहीं होता तथा प्रत्यक्षद्वारा सामान्य पूर्व सम्बन्ध ज्ञान से जहाँ व्याप्ति की प्राप्ति है वहाँ अनुमान होता है जहां नहीं है वहां नहीं होता जिससे श्रुत व अनुमानज्ञान विशेषविषयक नहीं है। ऋतंभरा समाधि प्रज्ञा में प्रत्यक्ष, अप्रत्यक्ष, दूरदेश व निकट देश में जो पदार्थ हैं सबका सत्यज्ञान होने से ऋत (सत्य) विशेष अर्थ विषय है। विशेष अर्थ होने श्रुत व अनुमान प्रज्ञा (बुद्धि वा ज्ञान) से भिन्न विषयरूप है।।49।।

तज्जः संस्कारोऽन्यसंस्कारप्रतिबन्धी।।50।।

अर्थ– उससे उत्पन्न संस्कार अन्य संस्कार का प्रतिबंधन करने वाला है।।50।।

हिन्दी टीका–उससे ऋतंभरा समाधिप्रज्ञा से उत्पन्न संस्कार अधिकार है वह अन्य व्युत्थान संस्कार का प्रतिबंधन करने वाला (रोकनेवाला) है इस संदेह निवारण के अर्थ कि शब्द आदि विषय भोग संस्कार जो व्युत्थान अवस्था में अति प्रबल है उससे समाधिप्रज्ञा में कैसे स्थिति होती है यह कहा है कि समाधि प्रज्ञा से उत्पन्न संस्कार व्युत्थान संस्कार को रोकता है। वैराग्य अभ्यास की दृढता से समाधि प्रज्ञा में व्युत्थान (विषय भोग में इंद्रिय चलायभान वा लोलुप रहने की अवस्था) संस्कार क्षीण हो जाता है; बाधा नहीं कर सकता, समाधि प्रज्ञा उसकी बाधक होती है। चित्त के दो कार्य हैं, शब्द आदि विषयों का उपभोग व विवेकख्यातिसंप्रज्ञात-योग में निर्विचारसमाधिप्रज्ञा में क्लेश कर्माशय सहित शब्द आदि उपभोग में प्रवृत्त जो प्रज्ञा है उसके संस्कारों का निरोध हो जाता है, विवेकख्याति संस्कारमात्र रहता है इससे समाधिप्रज्ञा में चित्त विषय भोग का निरादर करता है, उसमें प्रवृत्त नहीं होता।।50।।

तस्यापि निरोधे सर्वनिरोधान्निर्बीजः समाधिः।।51।।

इति पातञ्जले योगशास्त्रे समाधिनिर्देशो नाम प्रथमः पादः।।1।।

अर्थ– उसके भी निरोध होने में सबके निरोध होने से निर्बीज समाधि होता है।।51।।

हिन्दी टीका–उस ऋतंभरा के समाधि प्रज्ञा के भी निरोध होने में सब समाधि प्रज्ञाकृत संस्कारों के निरोध होने से निर्बीज समाधि होता है, अर्थात् पर वैराग्य से संप्रज्ञातसमाधि प्रज्ञा के निरोध होने से उसके कार्य संस्कारों का भी निरोध हो जाता है। कारण के अभाव में कार्य के उत्पत्ति का अभाव होता है। वृत्तिमात्र सब संस्कार के निरोध होने से निर्बीजसमाधि होता है। दीर्घ काल तक निरंतर साधन से व परवैराग्य से उत्पन्न संस्कार से समाधि, प्रज्ञा, संस्कार, विवेक, ख्याति व विभूति प्राप्ति आदि हैं उनका निरोध होता है। सम्पूर्ण चित्त की वृत्तियों के अभाव होने से शुद्ध आत्मा आनन्द स्वरूप में योगी लय होता है। अब यह संशय है कि, प्रथम प्रत्यक्ष ज्ञान होता है, प्रत्यक्ष द्वारा स्मृति से अनुमान आदि से ज्ञान होता है, सब वृत्तियों के निरोध होने में प्रत्यक्ष व स्मृति का होना संभव नहीं है प्रत्यक्ष व स्मृति के भाव होने से पर वैराग्य से उत्पन्न संस्कार

आत्मामात्र साक्षात् होने में क्या प्रमाण है? उत्तर यह है-कि, कालक्रम अनुभव करके निरुद्ध चित्तकृत संस्कारों का अनुमान करना चाहिये अर्थात् जैसे मुहूर्त अर्द्धयाम वा याम रात्रिदिन आदि क्रम से काल की अधिकता होती है इसी कालक्रम अनुभव से वैराग्य अभ्यास के उत्कृष्ट वा अधिक होने के अनुसार एक मुहूर्त आधे पहर-पहर आदि तक निरोध (वृत्तियों का रुक जाना) की अधिकता होते जाने से योगी की अति उत्कृष्ट वैराग्य व अभ्यास होने में अतिनिरोध हो जाने का अनुभव होता है, अर्थात् घटी क्षण पहर तक निरोध होने से योगी को अनुमान से यह निश्चित होता है कि, अतिवैराग्य व अभ्यास को उत्कृष्ट होने में अतिनिरोध होना युक्त है। इस तरह निरोधजनामक परवैराग्य से उत्पन्न संस्कार के होने का प्रमाण है। निर्बीज संस्कार प्रचय में व्युत्थान व संप्रज्ञात से उत्पन्न संस्कार व निरोधज संस्कारों सहित चित्त अपनी प्रकृति में लय होता है। चित्त के लय हो जाने से सब वृत्तियों का अभाव हो जाता है। निश्चल स्थिति प्राप्त होती है चित्त के प्रलय होने में पुरुष स्वरूप प्रतिष्ठित (अपने तत्त्वरूप में प्राप्त) शुद्ध मुक्तरूप होता है अर्थात् जब ऋतंभरा प्रज्ञाका भी निरोध हो जाता है जब निर्बीज समाधि जानना चाहिये, उस निर्बीज समाधि से जीवन्मुक्त होता है, तब दुःख सब नाश होकर सुखस्वरूप ज्योति को पाता है।।51।।

इति श्रीपातंजले योगशास्त्रे भाषाभाष्ये श्रीमद्धार्मिक प्यारेलाला त्मजबाँदा-मण्डलान्तगर्त तेरहीत्याख्यग्रामवासि श्रीप्रभदयालु

निर्मिते समाधिपादः प्रथमः समाप्तः॥1॥

अथ साधनपाद:॥2॥

अब द्वितीयपाद में साधन का वर्णन करते हैं-

तपस्स्वाध्यायेश्वरप्रणिधानानि क्रियायोग:॥1॥

अर्थ- तप स्वाध्याय व ईश्वरप्रणिधान क्रियायोग है॥1॥

हिन्दी टीका–क्रियायोग के तीन रूप हैं-(1) तप, (2) स्वाध्याय, (3) ईश्वरप्रणिधान ब्रह्मचर्य, गुरु की सेवा, सत्य वचन, अपने आश्रमधर्म में प्रवृत्त होना, साधन क्लेश सहना, नियम व तौल से भोजन करना इत्यादि यह तप है शरीर का सुखाना क्लेश देना मात्र तप नहीं है; धातु की विषमता से योग नहीं हो सकता, क्योंकि धातु की विषमता से रोग आदि होने में चित्त एकाग्र नहीं होता। योग एकाग्र चित्त में ही होता है। इससे तप आदि उपाय हैं, जिससे रोग विघ्नों का निवारण व योग का साधन होता है। प्रणव अर्थात् ॐ वा अन्य जो पवित्र ईश्वर के नाम हैं उनका जप वा मोक्षशास्त्र का अध्ययन स्वाध्याय है। ईश्वर में चित्त लगाना सब क्रियाओं का ईश्वर में समर्पण करना कर्म के फल की इच्छा न करना ईश्वर प्रणिधान है॥1॥

अब क्रिया योग से क्या प्रयोजन है? वह वर्णन करते हैं :

समाधिभावनार्थः क्लेशतनूकरणार्थश्च॥2॥

अर्थ- समाधि की भावना के अर्थ व क्लेश क्षीण करने के अर्थ॥2॥

हिन्दी टीका–क्रिया योग से समाधि प्राप्त होती है व सब क्लेश क्षीण होते हैं इसलिये तपस्स्वाध्याय ईश्वरप्रणिधानरूप क्रियायोग करना चाहिये।

अब जिन क्लेशों की निवृत्ति के लिये क्रियायोग करने का प्रयोजन है वह वर्णन किये जाते हैं :

अविद्याऽस्मितारागद्वेषाभिनिवेशाः पंच[1] क्लेशा:॥3॥

1. पञ्चेति नास्ति विज्ञानभिक्षुमत।

अर्थ– अविद्या, अस्मिता, राग, द्वेष, अभिनिवेश यह पांच क्लेश हैं।

हिन्दी टीका–अविद्या आदि पांच विपर्यय हैं। ये कर्मबन्धन को दृढ़ करते हैं। परिणाम की स्थापन करते हैं। कर्मविपाक (कर्मफल) जाति आयु भोगरूप क्लेश के कारण होते हैं। परन्तु सब क्लेशों की मूलकारण अविद्या है। अविद्या के नाश होने से अस्मिता राग द्वेष आदि सब नष्ट हो जाते हैं।।3।।

अविद्याक्षेत्रमुत्तरेषां प्रसुप्ततनुविच्छिन्नोदाराणाम्।।4।।

अर्थ– प्रसुप्त तनु विच्छिन्न उदाररूप उत्तरवालों का क्षेत्र अविद्या है।।4।।

हिन्दी टीका–पूर्वसूत्र में अविद्या आदि पांच क्लेश वर्णन किये हैं। प्रथम अविद्या उसके पश्चात् अस्मिता, राग, द्वेष, अभिनिवेश। उत्तर नाम पश्चात् का है इससे उत्तरवालों से अभिप्राय अस्मिता राग द्वेष अभिनिवेश से है यह जो अविद्या के उत्तर अस्मिता, राग, द्वेष, अभिनिवेश हैं इन सबकी क्षेत्र अर्थात् उत्पत्ति भूमि अविद्या है, अविद्या कारण है, यह सब कार्य हैं। अस्मिता आदि ऐसे हैं कि प्रसुप्ततनु विच्छिन्न व उदार हैं अर्थात् प्रसुप्ततनु विच्छिन्न व उदार भेद से वर्तमान रहते हैं जो योगी प्रकृति में विवेकरहित लय होते हैं उनके क्लेश प्रसुप्त (सोये हुए के समान) रहते हैं। उनके बीज का नाश बिना ब्रह्मज्ञान के योग से नहीं होता। जैसे सुषुप्त अवस्था में इन्द्रिय व अर्थ सबका लय रहता है, ज्ञानशक्तिमात्र चेतन में स्थित रहती है, जागने पर फिर सब इन्द्रियों से विषयों का ग्रहण होता है, इसी प्रकार से प्रकृति में लय हुए योगियों के क्लेश चित्त में प्रसुप्त रहते हैं, तब उनका अवधिकाल आता है तब फिर प्रकट व प्रवृत्त होते हैं। क्रियायोग में विरुद्धपक्ष के सेवन से अर्थात् तप आदि के धारण करने व भावना से क्लेश तनु (क्षीण निर्बल) होते हैं अर्थात् क्रियायोग करने वाले योगियों के क्लेश क्षीण होते हैं परन्तु सर्वथा उनका नाश नहीं होता है और विषयी पुरुषों के क्लेश विच्छिन्न व उदार होते हैं। यथा-जिस समय में राग होता है उस समय में राग उदार व क्रोध क्षीण होता है जब क्रोध उदार होता है तब राग विच्छिन्न अर्थात् क्षीण होता है, अर्थात् जिसमें प्रीति होती है उसमें प्रीति होने के समय में क्रोध नहीं होता। जिसमें क्रोध होता

है उसमें प्रीति नहीं होती। कहीं कुछ क्रोध व कुछ प्रीति दोनों का मेल रहता है। इस तरह विषयी पुरुषों के विच्छिन्न उदाररूप क्लेश होते हैं; क्योंकि जिस सांसारिक पदार्थ में राग होता है व उसमें सुख बोध होता है उसमें भी विकार व हानि होने से अंत में दुःख होता है व जिसमें द्वेष (वैर या विरुद्धबुद्धि होना) होता है उसमें वर्तमान ही में दुःख विदित होता है। इस तरह चार प्रकार से अस्मिता आदिकों की स्थिति होती है। जिस मुक्ति अवस्था में विवेक व ज्ञान से इन सबका नाश होता है वह अवस्था इनसे भिन्न है।।4।।

अब अविद्या आदि प्रत्येक के लक्षण पृथक्-पृथक् वर्णन करते हैं :

अनित्याशुचिदुःखानात्मसु नित्यशुचिसुखात्मख्यातिरविद्या।।5।।

अर्थ– अनित्य अशुचि दुःख व अनात्मा में नित्य शुचि सुख आत्मा होने की बुद्धि अविद्या है।।5।।

हिन्दी टीका–अनित्य आदि में नित्य आदि वर्णन करने के क्रमानुसार सूत्र का अर्थ व भाव यह है कि-भ्रम से अनित्य में नित्य, अशुचि में शुचि, दुःख में सुख और अनात्मा देह में आत्मा का मानना अविद्या है। ख्याति शब्द जो सूत्र में है उसका अर्थ कथन है परन्तु यहां अभिप्राय मानने से है क्योंकि जैसा माना जाता है वा बोध होता है वही कहा जाता है। इससे बुद्धि अर्थ रखा गया है। अनित्य देवता सूर्य आदि को नित्य मानकर उपासना अथवा स्वर्गलोक सुख को नित्य जानकर उसकी प्राप्ति के लिये साधन उपाय करना यह अनित्य में नित्य ख्याति है आदि उत्पत्ति स्थान से शरीर में यह विचार करने से कि, प्रथम माता के उदर में, मूत्र संयुक्त स्थान में माता के रुधिर व पिता के वीर्य से उत्पन्न होता है व वर्तमान में मल, पसीना, कफ, मूत्र, विष्ठा का स्थान है महा अशुचि व निषिद्ध बोध होता है, ऐसे अशुचि शरीर में ऊपर के मल जल से धोये हुए सुगंध लगाये अलंकारवती कामिनी को देखकर यह मानना कि यह चंद्रमा ऐसी अमृत के समान है स्वाद जिसके अंगस्पर्श में, नील कमल के पत्र ऐसे हैं नेत्र जिसके, हाव भाव कटाक्ष युक्त ऐसी कामिनी के संग बड़ा सुख है, इसी तरह पुरुष में स्त्री का मोहित होना भी जानना चाहिये।

यह अशुचि में शुचि ख्याति है। इसी के अंतर्गत अपुण्य में पुण्य तथा दुःख में सुख मानने के अंतर्गत अनर्थ में अर्थ जान लेना चाहिये, दुःख में सुख मानना यह है कि, विचारने से जो संसार में सुख है वह सब दुःखरूप है. क्योंकि जो वर्तमान में सुख बोध होता है वह परिणाम में ताप व संस्कार दुःख या गुणवृत्तियों के विरोध से विवेक करनेवालों को सब दुःख ही विदित होता है। इसका वर्णन विस्तार से आगे किया जायगा। ऐसा सांसारिक दुःखरूप विषय में सुख जानना दुःख में सुखख्याति है, शरीर को या मन को चेतन मानना कि, शरीर व इन्द्रिय ही के संयोग विशेष से चेतनता रहती है संयोग में विकार होने से शरीर अचेतन हो जाता है शरीर से भिन्न आत्मा का मानना मिथ्या कल्पना है। अनात्मा में आत्मा ख्याति है। इन भेदों से अविद्या चार प्रकार से होती है। विद्या के न होने को अविद्या कहते हैं, परंतु अविद्या कहने से विद्या का सर्वथा अभाव न समझना चाहिये। केवल विद्या के विपरीत या सत्यज्ञान से भिन्न भ्रमयुक्त जानना चाहिये; क्योंकि जो विद्या का अभाव माना जाय तो आत्मा में विद्या वा सत्य ज्ञान का होना ही असंभव होगा।।5।।

दृग्दर्शनशक्त्योरेकात्मतेवास्मिता।।6।।

अर्थ– दृग्दर्शन शक्तियों की एकात्मता (एक ही आत्मा जानना) यही अस्मिता है।।6।।

हिन्दी टीका–दृक्शक्ति व दर्शनशक्ति इन दोनों शक्तियों की एकात्मता अर्थात् एक ही स्वरूप जानने को अस्मिता कहते हैं, यह महा दुखदायी है। दृक्शक्ति पुरुष है व दर्शनशक्ति बुद्धि है, भ्रम हो जाने के कारण बुद्धि सुख दुःख व पाप कर्म आदि धारण करने का व भोग्य अर्थ का कारण है व आत्मा नित्य सुखी बंधरहित है। परन्तु इन दोनों की एकात्मता भासित होना अर्थात् एक ही होने के समान मानकर आत्मा को यह मानना कि 'मैं पापी हूं, मैं दुःखी हूं' अज्ञानवश ऐसा बोध होना अस्मिता है। भोक्ताशक्ति पुरुष व भोग्यशक्ति बुद्धि है। आत्मा शुद्ध चेतन है बुद्धि जड़ भ्रमवश अशुद्ध है इससे दोनों भिन्न आत्मा हैं, इन दोनों को एक आत्मा जानना अस्मिता है।।6।।

सुखानुशयी रागः॥7॥

अर्थ– **सुख की अभिलाषा का नाम राग है॥7॥**

हिन्दी टीका–जो जो सुख पूर्वकाल में प्राप्त हो चुके हैं व जिस-जिस पदार्थ में यह ज्ञान हुआ है कि, इससे सुख होता है अर्थात् यह सुख का साधन वा हेतु है। ऐसे सुख व सुखसाधन पदार्थ जाने हुए को जो उस सुख के स्मरण होने पर सुख के होने में तथा उस सुखासाधन पदार्थ के या उसके सजातीय पदार्थ के प्रत्यक्ष होने पर सुख होने के स्मरण से उसमें तृष्णा वा लोभ होता है उसको राग कहते हैं। यह सूत्र का फलितार्थ है, शब्दार्थ नहीं; क्योंकि भाषा में शब्दार्थ अनुवाद करने योग्य शब्द नहीं मिले, जो यह संशय हो कि, जिस सुख का स्मरण हुआ उस सुख में जो राग होता है वह तो स्मृतिपूर्वक होता है, परन्तु प्रत्यक्ष सुख होने में जो राग होता है उसमें स्मृति की अपेक्षा नहीं होती। इसका उत्तर यह है कि, जिस पदार्थ से सुख होता है उसके प्रत्यक्ष होने पर यह ज्ञान होने से कि, पूर्व में इसी जाति वा प्रकार का पदार्थ सुख का हेतु वा सुख का देने वाला हुआ था; इससे यह भी सुख का हेतु है इस स्मृति पूर्वक अनुमान से उसकी इच्छा करता है इससे वन जाने हुए में इच्छा तृष्णा वा प्रीति न होने से प्रत्यक्ष हुए में भी स्मृतिपूर्वक राग कहना युक्त है व जिस समय में जिससे व जो सुख प्राप्त हो रहा है उसमें तृष्णा वा इच्छा न होने से क्योंकि इच्छा अप्राप्तवस्तु में होती उसमें तृष्णा वा इच्छा न होने से क्योंकि इच्छा अप्राप्त् वस्तु में होती है राग होना नहीं कह सकते। इससे स्मृतिपूर्वक राग कहने में दोष नहीं है॥7॥

दुःखानुशयी द्वेषः॥8॥

अर्थ– **दुःख की अभिलाषा का नाम द्वेष है॥8॥**

हिन्दी टीका–जो-जो दुःख व जिससे दुःख पूर्वकाल में प्राप्त हुआ है उसके अनुस्मृति पूर्वक (स्मरण होने पर) दुःख में या उसके साधन् जो क्रोध होता है उसको 'द्वेष' कहते हैं क्रोध के वश हो जाने से उस समय कुछ ज्ञान नहीं रहता है, (पूर्व सूत्र के समान इस सूत्र का भी फलितार्थ वा भावार्थ लिखा गया) है॥8॥

स्वरसवाही विदुषोऽपि तथारूढोऽभिनिवेशः॥9॥

अर्थ– जो मरण त्रास स्वरसवाही अर्थात् पूर्वजन्म के अनेक बार मरने के दुःख के अनुभव से उत्प न्न वासना से आप ही से वहने वाला अर्थात् होने वाला अज्ञानी व विद्वान् को भी उसी प्राकर से होता है वह अभिनिवेश है॥9॥

हिन्दी टीका–सम्पूर्ण जीवों को जो मरने का त्रास (भय) है उसको अभिनिवेश कहते हैं। सब जीव सदा जीने की इच्छा करते हैं, मरने से डरते हैं यह मरणत्रास जिस तरह मूर्ख को है उसी तरह विद्वान् को भी है। जो यह संदेह होवे कि मूर्खमात्र को मरणत्रास होना यथार्थ है, विद्वान् को ज्ञान से दूर हो जाना चाहिये तो इस संदेह निवारण के लिये मरणत्रास को स्वरसवाही कहा है। स्वरसवाही होने से मूर्ख व विद्वान् दोनों में होता है। स्वरसवाही अर्थात् स्वाभाविक अनेक जन्म के मरण दुःख के अनुभव से उत्पन्न हुए वासनासमूह से बहने वाला मरणत्रास प्रवाह है। यह जब तक असंप्रज्ञात समाधि को प्राप्त हो जीव मोक्ष को नहीं प्राप्त होता तब तक सब प्राणियों को जैसे अति मूर्ख को उसी तरह विद्वान् को मरने का भय होता है। यह मरणत्रास अभिनिवेश क्लेश है। जो यह शंका हो कि मरणत्रास स्वरसवाही नहीं है, अर्थात् पूर्वजन्म के मरण दुःख के अनुभव से स्वाभाविक अपने ही प्रवाह से नहीं बहता अर्थात् आप ही से नहीं होता तो स्वाभाविक आप से होने के हेतु में उत्तर यह है कि, यह प्रत्यक्ष से विदित होता है कि, उत्पन्न जो बालक है जिसको वर्तमान काल में सुनने समझने से कुछ ज्ञान नहीं है वह भयानक मारने वाले पदार्थ को देख व जानकर भय को प्राप्त हो रोने व कांपने लगता है तथा अज्ञान जन्तुओं में मरणभय देखकर पूर्व स्मरण दुःख का स्मरण अनुमान से सिद्ध होता है नहीं, ऐसा भय होना असंभव है; अविद्या अस्मिता राग द्वेष अभिविनेश को तम, मोह, महामोह, तामिस्त्र, अंधतामिस्त्र नाम से भी कहते हैं। प्रकृति, महत्तत्त्व, अहंकार, शब्द, स्पर्श, रूप रस गन्ध इन आठ अनात्माओं में आत्मबुद्धि होने को अविद्या वा तम कहते हैं। अणिमा, महिमा, गरिमा, लघिमा, प्राप्ति, प्राकाम्य, ईशित्व, व वशित्व इन आठ ऐश्वर्य में अहंभाव मानना कि मैं छोटा हूं, मैं बड़ा हूं, मैं हलका हूं, यह

स्मिता वा मोह है। इस मोह से दिव्य व अदिव्य भेद से शब्द आदि दश विषय में प्रति होने को राग वा महामोह कहते हैं। इन दश विषयों के भोग प्राप्त होने में जो विघ्न होने हैं उनमें द्वेष होने को तामिस्त्र कहते हैं। अणिमा आदि आठ व शब्द आदि दश इन अठारह मनोरथों के नाश होने के भय को अभिनिवेश वा अन्धतामिस्त्र कहते हैं।।9।।

अब यह जानना चाहिये कि, क्लेश स्थूल व सूक्ष्म होने के भेद से दो प्रकार के होते हैं। क्रिया योग से क्षीण हो सूक्ष्म हो जाते हैं व विषयभोग में स्थूल व प्रबल रहते हैं। पहले सूक्ष्म क्लेशों के नाश का उपाय कहते हैं :

ते प्रतिप्रसवहेयाः सूक्ष्माः।।10।।

अर्थ– ते सूक्ष्म लय होने से त्याग के योग्य है।।10।।

हिन्दी टीका–वे अर्थात् पूर्व में जो पांच क्लेश प्रसुप्ततनु विच्छिन्न उदार भेद से वर्णन किये गये हैं वह विवेक (यथार्थ आत्मज्ञान व ब्रह्मज्ञान) रहित योग अभ्यास (क्रिया-योग अभ्यास) करने वाले योगियों के भी सर्वथा नष्ट नहीं होते। प्रकृति में लय हुए योगियों में शक्ति मात्र प्रसुत्त रूप से जैसा पूर्व ही कहा गया है बने रहते हैं फिर जब उनका अवधिकाल विशेष आता है तब फिर अपने-अपने विषयों में सन्मुख होते हैं और प्रकृति लीन न हुए योग अभ्यास करने वाले योगियों में भी विरुद्ध पक्ष जो योग अभ्यास है उससे क्लेश क्षीण व निर्बल रहते हैं, परन्तु उनका नाश नहीं होता। यह जो क्लेश सूक्ष्म बीजरूप बने रहते हैं, इनके त्याग होने वा नाश होने का उपाय क्या है वह इस सूत्र में वर्णन किया है कि तेजस्सूक्ष्मरूप क्लेश हैं वह लय होने से अर्थात् चित्त के लय (नाश) होने से त्याग के योग्य हैं। अन्य उपाय नहीं है; चित्तके लय होने में चित्त के साथ ही सब क्लेशों का नाश हो जाता है। इसका अभिप्राय यह है कि, जब विवेक ख्याति से यथार्थ आत्मज्ञान होता है व अविद्याका अभाव होता है, तब चित्त का आत्मा में लय होता है। चित्त के लय होने में जो क्लेश सूक्ष्म रूप बीजभाव से रहते हैं उनका भी अर्थात् सर्वथा क्लेशों का नाश हो जाता है। दुःख का लवलेश भी नहीं रहता और मोक्ष के विशेष सुख को पाता है।।10।।

ध्यानहेयास्तद्वृत्तयः॥11॥

अर्थ– वे वृत्तियां ध्यान से त्यागने योग्य हैं॥11॥

हिन्दी टीका–वे वृत्तियां जो स्थूल सुख दुःख मोहात्मिका हैं वे ईश्वर के ध्यान से (ध्यान द्वारा) त्यागने योग्य हैं जैसे लोक में बहुत मैले वस्त्र को पहिले फींचकर धोते हैं फिर जब कुछ मैल कम हो जाता है तब साबुन लगाकर यत्न से धोते हैं और जो मैल वस्त्र के सूत के अंतर्गत (भीतर) हो गया है, उसका सर्वथा नाश वस्त्र के नाश होने पर होता है। इसी तरह क्रिया योग से अति सघन क्लेश विरल होते हैं अर्थात् बहुत से कम होते हैं फिर वह ध्यान से क्षीण वा सूक्ष्म होते हैं व जब सूक्ष्म चित्त का नाश होता है तभी वे नाश को प्राप्त होते हैं अन्यथा नहीं होते॥11॥

क्लेशमूलः कर्माशयो दृष्टादृष्टजन्मवेदनीयः॥12॥

अर्थ– क्लेश है मूल जिसके ऐसा कर्माशय दृष्ट व अदृष्ट जन्म वेदनीय भेद से दो प्रकार का होता है॥12॥

हिन्दी टीका–धर्म अधर्म पुण्यरूप पापरूप कर्माशय से काम, क्रोध, लोभ व मोह उत्पन्न होते हैं। इनके विषय जब प्राप्त नहीं होते अथवा प्राप्त होने पर नष्ट हो जाते हैं तब ही महादुःखदाई क्लेश उत्पन्न होते हैं, इसलिये मर्काशय को क्लेशों की मूल जानना चाहिये इसी प्रकार से मोहादिक अर्थात् काम, क्रोध, लोभ, मोह, जितने हैं वे सब मोक्ष के बंधन और दुःख के देने वाले हैं, कर्माशय पुण्य पाप की खान है। कर्माशय दो प्रकार का होता है। एक दृष्टजन्मवेदनीय व दूसरा अदृष्टजन्मवेदनीयदृष्टजन्मवेदनीय वह है, जो इसी वर्तमान जन्म में जानने योग्य हो या जाना जाय, अदृष्टजन्मवेदनीय वह है जो, जन्मान्तर में जानने वा होने के योग्य होवे, अत्यंत प्रवृत्त होने से मंत्र तप समाधि द्वारा ईश्वर देवता महर्षियों के आराधन से सिद्धि प्राप्त होती है वह शीघ्र ही (तुरन्त ही) फल को देती है, यह पुण्य कर्माशय है और तपस्वी महात्माओं के अपकार अनादर करने आदि में अत्यन्त प्रवृत्त होने से पापरूप कर्माशय से जल्दी दण्ड फल मिलता है। यथा पुण्यकर्म ईश्वरआराधन से ज्ञान सिद्धि विभूति वर्तमान ही शरीर में प्राप्त होती हैं व अधर्म आचरण से क्लेश, ग्लानि, रोग, निरादर वर्तमान शरीर में प्राप्त नहीं होते हैं, यह

धमाधर्म, पुण्य, अपुण्य रूप कर्मांश दृष्टजन्म वेदनीय है अथवा यह भी दृष्टान्त हो सकता है कि जैसे पुण्यकर्म से नन्दीश्वर अत्यत मंत्र, तप, समाधि द्वारा ईश्वर आराधन से वर्तमान ही शरीर में देवता होकर दीर्घायु (बड़ी उमर) को प्राप्त हो, दिव्य भोग को लाभ किया तथा पापकर्माशय से अपराध करने से महर्षि के शाप से राजा नहुष सर्पयोनि को प्राप्त हुआ यह दृष्टजन्मवेदनीय है, और अदृष्टजन्मवेदनीय यह है कि, यथा धर्म से स्वर्ग व अधर्म से नरक शरीर के नाश होने के अनन्तर होना आप्तवाक्य से जाना जाता है।।12।।

सति मूले तद्विपाको जात्यायुर्भोगाः।।13।।

अर्थ– मूल होने में अर्थात् मूल रूप क्लेशों के होने में उसका (कर्माशय का) फल जाति (जन्म) आयु (उमर) व भोग होता है।।13।।

हिन्दी टीका–क्लेश मूल होने में कहने से अभिप्राय यह है कि क्लेशों के मूल होने अर्थात् आदि में कारण होने के अनन्तर क्लेश या क्लेशों से उत्पन्न जो कर्माशय होता है उसका फल जन्म, आयु व भोग रूप होता है, क्लेश मूलरहित कर्माशय फल आरंभक (उत्पन्न करने वाला) नहीं होता, जैसे जो अग्नि से दग्ध नहीं होता वह छिलका सहित धान जमता है आर छिलका रहित अथवा दग्ध (आग से भुँजा हुआ) हो जाता है वह नहीं जमता। इसी तरह क्लेशमूल कर्माशय जिसका संस्कारबीज असंप्रज्ञात समाधि व ज्ञान अग्नि से दग्ध नहीं हुआ वही जाति (जन्म) आयु व भोग रूप विपाक का कारण होता है, जाति से देवता मनुष्य तिर्यक् आदि उत्कृष्ट निकृष्ट योनियां होने व आयु से नियत न्यून अधिक काल तक देह व प्राण के संयोग रहने से भोग से इन्द्रियों से (इन्द्रियों के द्वारा) विषय लाभ करने व दुःख सुख प्राप्त होने से अभिप्राय है यही कर्माशय के फल हैं। अब यह विचार किया जाता है कि एक कर्म एक जन्म का कारण होता है या एक कर्म अनेक जन्मों का कारण होता है, अथवा अनेक कर्म एक जन्म के कारण होते हैं अर्थात् जन्म को प्राप्त करते हैं? विचारने से एक-एक जन्म का कारण होना सम्भव नहीं होता क्योंकि अनादिकाल से पूर्व जन्मों में किये गये कर्मों में से जो कर्म शेष (बाकी)

रहे हैं और वर्तमान कर्म जो हैं इनके फल के क्रम के नियम का अभाव सिद्ध होने से यह सत्य होना अंगीकार नहीं हो सकता, तथा एक कर्म अनेक जन्मों का कारण मानना यथार्थ नहीं है; क्योंकि जो एक-एक कर्म अनेक जन्मों के कारण माने जावेंगे तो बाकी रहे हुए कर्मों के फल प्राप्त होने के लिये कोई काल नहीं हो सकता अर्थात् कोई समय नहीं मिल सकता और एक या अनेक कर्मों का अनेक जन्मों का कारण होना असंभव है। क्योंकि अनेक जन्म एक साथ नहीं होते, इससे एक ही साथ अनेक जन्म का कारण होना मानने के योग्य नहीं है। इस तरह विचार के अनन्तर निर्णय से यह सिद्ध होता है, कि जन्म से लेकर मरण तक के काल में किये हुए पाप, पुण्य कर्मसमूह कर्माशय विचित्र फलरूप से अर्थात् कोई कर्म जल्दी फल करने वाले कोई विलंब से फल करने वाले व कोई दीर्घकाल में फल करने वालों से संस्कार स्थित होता है इस पापपुण्य कर्माशय की अवस्था में जब शरीर का त्याग होता है तब सम्पूर्ण मरणकाल तक के जो कर्म हैं एक साथ मिलकर एक जन्मविशेष को करते हैं, अर्थात् सम्पूर्ण मरण समय तक के कर्मो से कोई जन्म विशेष होता है। उस जन्म में पूर्वजन्मकृत कर्मों का भोग होता है इसी तरह मुक्त होने तक कर्म जन्मभोग संस्कार बना रहता है। और यह कर्माशय जन्म, आयु, भोग, तीन प्रकार का फल देता है, इससे इसको त्रिविपाक कहते हैं व एक जन्म भोग के हेतु होने से एक भविक नाम से भी कहा जाता है इस त्रिविपाक के दो भेद हैं; एक नियत विपाक व द्वितीय अनियतविपाक। दोनों से केवल नियत विपाक दृष्टजन्मवेदनीय कर्माशय के एक भविक होने का नियम है अर्थात् जिस कर्माशय का फल नियत है वही त्रिविपाकरूप एक भाविक होता है। किसी जन्म विशेष आदि फलदा कारण होता है। अनियत विपाक अदृष्टजन्मवेदनीय त्रिविपाकरूप एक भविक नहीं होता। अनियत विपाक की तीन तरह की गति होती है, एक यह है कि, जो कृप पाप विशेष नहीं है अर्थात् न्यून है उसका पुण्यकर्म विशेष से नाश हो जाता है जैसा श्रुति में कहा है, कि अति शुक्ल कर्म से अर्थात् पुण्यकर्म से कृष्णकर्म (पापकर्म) का नाश होता है श्रुति यह है–"द्वे द्वे ह व कर्मणी वेदितव्ये पापकस्यै को राशिः

पुण्यकृतोपहन्ति तदिच्छस्व कर्माणि सुकृतानि कर्तुमिहैव कर्म कवयो वेदयन्ते" अर्थ-पापी पुरुष के दो प्रकार के अर्थात् कृष्ण शुक्ल कर्म होते हैं, उन पापी पुरुषों के कर्मों को पुण्यकृत् राशि अर्थात् पुण्यसमूह नाश करता है तिससे पुण्य कर्मों के करने की इच्छा करो। इस संसार में विद्वान् जन सुकृत ही को कर्म व उत्तम जानते हैं कर्म तीन प्रकार कहा गया है–कृष्ण (पाप) व कृष्णशुक्ल (पाप व पुण्य मिला हुआ) व शुक्ल (केवल पुण्य) इससे कहा है कि, कृष्ण शुक्ल (पाप-पुण्य) केवल पुण्यसमूह से नाश को प्राप्त होते हैं। दूसरा यह है कि, प्रधान (मुख्य) पुण्यकर्म में जो प्यून पाप कर्म कुछ मिल जाता है वह प्रायश्चित्त परिहार से नष्ट हो सकता है व प्रधान पुण्य कर्म को या उसके फल को बाधा नहीं कर सकता। तीसरा यह है कि, नियत विपाक (नियत फलदायक प्रधान कर्म) से तिरस्कार को प्राप्त जो नष्ट भी नहीं होता बीज मात्र बहुत काल तक बना रहता है वह प्रधान कर्म के विपरीत अपना कुछ फल नहीं कर सकता तब अन्य निमित्त की सहायता अपने अनुकूल पाता है तब फल करता है। इससे अर्थात् अनियत विपाक के न्यून होने से व पुण्य कर्म के उदय से नष्ट हो जाने से अथवा प्रधान कर्म में मिल जाने में कुछ अपना फल न कर सकने व प्रायश्चित्त के योग्य होने से अथवा नियतविपाक प्रधान कर्म से तिरस्कार को प्राप्त बीजमात्र बहुत काल तक रहने से अनियतविपाक अदृष्टजनम वेदनीय के एक भविक होने का निषेध किया है। व केवल नियत विपाक दृष्ट जन्म वेदनीय के एक भाविक होने का नियम कहा है इस प्रकार से कर्म गति विचित्र व दुर्विज्ञेय (कठिनता से जानने के योग्य) वर्णन की गई है॥13॥

ते ह्लादपरितापफलाः पुण्यापुण्यहेतुत्वात्॥14॥

अर्थ– ते पुण्य वा पापहेतुक होने से आनन्द व दुःख फल वाले हैं॥14॥

हिन्दी टीका–जो पूर्वसूत्र में वर्णन किये जाति, आयु व भोग हैं वह जो पुण्य हेतु से हैं अथवा होते हैं वह सुखफलवाले हैं वा होते हैं और जो पापकर्म हेतु से (कारण से) हैं या होते हैं वह दुःखफल वाले हैं वा होते हैं॥14॥

परिणामतापसंस्कारदुःखैर्गुणवृत्तिविरोधाच्च दुःखमेव सर्वं विवेकिनः॥15॥

अर्थ– परिणाम ताप व संस्कार दुःखों से व गुणवृत्तियों के विरोध से विवेकियों को सब दुःख ही है॥15॥

हिन्दी टीका–पूर्व में स्थूल सूक्ष्म क्लेश वृत्तियों को हेय (त्यागने योग्य) वर्णन किया है। अब यह संदेह होता है कि, जो पापहेतुक हैं जिनका फल दुःख है उनको हेय कहना उचित है, परन्तु जो पुण्यहेतुक हैं जिनका फल सुखभोग है उनको क्यों हेय अर्थात् त्यागने योग्य कहा है। यह न कहना चाहिये। इस संदेह निवारण के लिये इस सूत्र में यह कहा है कि, विवेकियों को जिस विषयसुख को विषयी अज्ञानी पुरुष सुख समझते हैं वह सुख भी विचारने से दुःख ही बोध होता है। अर्थात् जितना विषयभोग सुख है वह ऐसा नहीं है कि, विचार से दुःखरूप विदित न होवे, इससे दुःखी है सुख मानना भ्रम मात्र है, क्यों दुःख है? यह जनाने के लिये सूत्र में यह वर्णन किया है कि, परिणामताप व संस्कार दुःखों से अर्थात् परिणाम दुःखों से अर्थात् परिणाम दुःख व ताप दुःख व संस्कार दुःखों से तथा गुण वृत्तियों के विरोध से दुःख होने से विवेक करने वालों को सम्पूर्ण सांसारिक सुख दुःख रूप ही है। अब परिणाम आदि दुःखों के जानने के लिये सुख व दुःख के लक्षण पूर्वक प्रत्येक का पृथक्-पृथक् वर्णन किया जाता है। प्रथम यह जानना चाहिये कि, सुख (सांसारिक व विषय सुख) व दुःख के लक्षण क्या हैं, लक्षण यह हैं कि, भोगों में तृप्ति होने से अर्थात् तृष्णा की निवृत्ति होने से जो इन्द्रियों का शांत होना है वह सुख है। व जिसके लिये तृष्णा है उसके प्राप्त न होने से अथवा प्राप्त प्रियपदार्थ के नाश व वियोग होने से तथा जो हित नहीं है या जिसमें द्वेष है उसके प्राप्त होने से जो इन्द्रियों में अशांतता व्याकुलता होती है वह दुःख है। अब परिणाम आदि दुःखों के भेद यह हैं कि, राग से जिस विषय भोग में प्रवृत्ति होती है उसमें भोग होने के समय में जो सुख विदित होता है वह अंत में दुःख प्राप्त होने का कारण होता है, इससे विषयी पुरुषों को अविद्या (अज्ञानता) से यद्यपि वह सुख प्रतीत होता है, परंतु विवेक दृष्टि से परिणाम में दुःख का मूल होना जानकर योगीजान सुख होने के अवस्था वा समय में भी इसको क्लेश ही जानते हैं यह

परिणामदु:ख है। परिणाम दु:ख के उदाहरण यह हैं यथा राग से विषय की इच्छा करते हुए को जिस क्षण में वह विषय प्राप्त होता है व तृप्ति होती है व रहती है उसी क्षण वा समय मात्र में सुख की स्थिति रहती है उसके निवृत्त होने के अनन्तर फिर उसी विषय वा अन्यविषय के भोग में तृष्णा होती है। भोग के अभ्यास से तृष्णा की निवृत्ति नहीं होती, किन्तु तृष्णा अर्थात् राग की वृद्धि होती है। राग के बढ़ने से अनेक मनोरथ होते हैं। अनेक मनोरथ करते हुए को जो मनोरथ पूर्ण नहीं होता अर्थात् इष्टपदार्थ प्राप्त नहीं होता उसमें दु:ख अवश्य होता है। इस तरह विषयसुख व भोग का अभ्यास परिणाम में दु:ख का हेतु (कारण) होता है और मुख्य अभिप्राय परिणाम दु:ख होने से यह है कि, राग के बढ़ने से मनोरथ पूर्ण होने के लिये धर्म अधर्म कर्म करता है उससे परिणाम में संसार बंध अर्थात् जन्ममरण दु:ख भोग फल प्राप्त होता है अथवा जो विचाररहित अज्ञान से इच्छानुसार अनुचित आचरण व विषयभोग करता है। यद्यपि उसमें भोगसमय में उसको सुख होता है, परन्तु अंत में वह दु:ख का कारण होता है अर्थात् उससे व्याधि दण्ड आदि जन्य दु:ख प्राप्त होता है, यह परिणाम दु:ख है अथवा जिस विषय में भोगसमय में सुख विदित होता है व सुख का साधन है वह अंतवान् है, उसके साथ ही नाश होने का भय लगा है नाश भय से परिणाम में दु:खी ही है इत्यादि जो दु:ख के साधन चेतन या अचेतन पदार्थ हैं अर्थात् दु:ख देने वाले हैं उनसे जो क्लेश होता है अथवा जो उनके नाश करने वा पीड़ा देने में धर्म, अधर्म, कर्म, लोभ, मोह से कर्ता है और वह परिणाम में बंध व पीड़ा का कारण होता है, यह ताप दु:ख है यथा सुख भोग वा इच्छा विरुद्ध अहित पदार्थ में द्वेष होता है व उससे वर्तमान ही समय में ताप होता है व क्रोध से उसके नाश करने व पीड़ा देने आदि में मोह से अनुचित आचरण करता है व उससे परिणाम में क्लेश फल प्राप्त होता है। यह ताप दु:ख है पूर्व हुए सुख दु:ख के स्मरण से फिर किसी उस सुख या दु:ख साधन पदार्थ में राग व द्वेष से प्राप्त होने या नाश करने के प्रयत्न में जो पुण्य पाप कर्म कोई प्राणी करता है व उससे जन्म-मरण सुख दु:ख रूप कर्म फल जो तत्त्वदृष्टि से केवल दु:खरूप है प्राप्त होता है व इसी तरह जो संस्कार से दु:ख का सोता वा प्रवाह चलता है यह

संस्कार दुःख है यह दुःख योगी ही को जान पड़ते हैं जैसे कोमल नेत्र में ऊर्णतन्तु (ऊन) क्लेश से विदित होता है अन्य कठोर अंगों में नहीं होता इसी प्रकार से जिनके चित्त विचार की कोमलता से रहित कठोर हैं। ऐसे विषयासक्तों को इन दुःखों का ज्ञान नहीं होता योगियों को यह बोध होता है कि, सम्पूर्ण विषयभोग विष मिली हुई मिठाई है कि, खाने के समय में अच्छा स्वाद जान पड़ता हैं, परन्तु पीछे दुःख व शरीर का नाश होना यह फल होता है। इसी तरह विषयभोग करने के समय में सुख होता है पर अंत में क्लेश ही प्राप्त होता है। इन औपाधिक दुःखों के वर्णन करने के अनन्तर स्वाभाविक दुःखों को कहा है कि, गुणवृत्तियों के विरोध से दुःख होने से सब दुःख हैं। गुणवृत्तियों के विरोध से दुःख होना यह है, कि, सत्त्व रज व तम ये गुण हैं व सुखात्मक व दुःखात्मक व मोहात्मक प्रत्यय बोध यह आरंभ करते हैं यही इनकी वृत्तियां हैं व वैराग्य, ऐश्वर्य, अज्ञान, अधर्म, अवैराग्य (राग) अनैश्वर्य व ज्ञान यह सत्त्व आदि गुणों के रूपभेद हैं। इन गुणवृत्तियों के परस्पर विरोध होने से दुःख होता है, क्योंकि गुणवृत्तियाँ चंचल हैं चलायमान होने से चित्त की प्रवृत्ति कहीं अधर्म में होती है फिर अधर्म से विमुख हो धर्म में होती है ऐसे विरोध से चित्त ही में प्रश्चात्ताप ग्लानि आदि से दुःख प्राप्त होता है तथा स्त्री मित्र आदि जिसमें प्रीति होती है व जिसको सुख साधन समझता है उसमें व अपने गुणवृत्तियों में विरोध होने से दुःख होता है, अथवा गुणवृत्तियों के अनुसार जो मनोरथ है उसके विरुद्ध होने में दुःख होता है अथवा किसी अनुचित आचरण में इच्छा होती है व दोष विचार से संकोच तथा भय होने के विरोध से अभिलाषा पूर्ण न होने में दुःख होता है। इस तरह विवेक करने वालों को परिणाम आदि दुःखों से मिला हुआ सब सांसारिक सुख दुःख ही है ऐसा बोध होता है। इससे सांसारिक विषयसुख त्यागने योग्य है। अब यह जानना चाहिये कि, जैसे चिकित्सा शास्त्र में रोग व रोग हेतु (रोग का कारण) और आरोग्य व आरोग्यहेतु (आरोग्य का कारण) भैषज्यचतुष्टय का वर्णन है इसी प्रकार से इस शास्त्र में हेय (त्यागने योग्य अर्थात् दुःख) हेय हेतु (दुःख का हेतु) मोक्ष व मोक्ष के उपाय का वर्णन है दुःखमय ससार हेय है माया व पुरुष का संयोग जो संसार का हेतु है वह हेयहेतु है; माया पुरुष के संयोग की

अत्यन्त निवृत्ति होना अर्थात् दोनों का अत्यन्त वियोग होना मोक्ष है और ज्ञान मोक्ष उपाय है॥15॥

अब हेय क्या है? यह आगे सूत्र में वर्णन करते हैं:

हेय दुःखमनागतम्॥16॥

अर्थ– आनेवाला दुःख हेय है॥16॥

हिन्दी टीका–जिस दुःख का भोग हो चुका वह व्यतीत होने से हेय नहीं हो सकता जिसका भोग हो रहा है भोग समय में उसका भी त्याग नहीं हो सकता है। इससे जो आनेवाला दुःख है वही हेय (त्यागने योग्य) रहता है, उसका प्रथम से मन लगाके ऐसा यत्न करना चाहिये जिसके द्वारा दुःखों की मूलनाश हो जाय और फिर अंकुरित न हो॥16॥

द्रष्टृदृंश्ययोः संयोगो हेयहेतुः॥17॥

अर्थ– द्रष्टा व दृश्य का संयोग हेयहेतु है॥17॥

हिन्दी टीका–द्रष्टा जो जानने वाला चेतन पुरुष है व दृश्य जो ज्ञेय (जानने योग्य) त्रिगुणात्मक प्रकृति के कार्यभूत इन्द्रियरूप भोग के विषय हैं उनका संयोग हेयहेतु है अर्थात् दुःख का कारण है॥17॥

इब दृश्य का जैसा रूप है कहा जाता है, उसको विचार करके हृदय में धारण करने से संपूर्ण दुःख मिट जाते हैं, इस लिये उसका लक्षण यहां वर्णन करते हैं:

प्रकाशक्रियास्थितिशीलं भूतोन्द्रियात्मकं भोगापवर्गार्थं दृश्यम्॥18॥

अर्थ– जो प्रकाशस्वभाव (ज्ञानस्वभाव) क्रियास्वभाव स्थिति स्वभावरूप अर्थात् सत्त्वगुण, रजोगुण, तमोगुणरूप, भूत व इन्द्रियात्मक हैं और भोग व अपवर्ग (मोक्ष) के निमित्त है वह दृश्य है॥18॥

हिन्दी टीका–इस सूत्र में प्रकाश शब्द का अर्थ बुद्धि वा ज्ञान है। वह शीलशब्द जो संस्कृत सूत्र वाक्य में है उसका अर्थ स्वभाव रखा गया है। सत्त्व गुण का स्वभाव प्रकाश (बुद्धि) व रजोगुण का स्वभाव क्रिया है

और प्रकाश व क्रिया दोनों से रहित होने अर्थात् अज्ञानता व जड़ता को स्थिति कहते हैं। यह स्थिति तमोगुण का स्वभाव है, इससे सत्त्वगुण को प्रकाश स्वभाव, रजोगुण को क्रियास्वभाव और तमोगुण को स्थिति स्वभाव नाम से महर्षि सूत्रकार से वर्णन किया है। सत्त्वगुण में कोमलता व बुद्धिस्वभाव होने से ताप की प्राप्ति होती है। रजोगुण ताप करने वाला है इन दोनों के तप्य व तापक होने में तमोगुण से मोह होता है जिससे पुरुष (आत्मा) यह मानता है कि, 'मैं ताप में हूं, मुझे यह ताप है' इत्यादि यह तीनों गुण एक दूसरे के सम्बन्ध व सहायता सहित अविवेकी को भोगने योग्य व विवेकी को त्यागने योग्य होते हैं। जब यह तीनों गुण विभागरहित समता को प्राप्त होते हैं, एक दूसरे में भेद होने का ज्ञान नहीं होता। उस समय या अवस्था में यह प्रधान या प्रकृति शब्द से वाच्य होते हैं अर्थात् तीनों सम होने की अवस्था में एक रूप होने से प्रधान या प्रकृति शब्द से एक नाम से कहे जाते हैं। ऐसा प्रकाश क्रिया और स्थिति स्वभाव वाले तीनों गुणों का समुदाय रूप प्रधान जो कार्य रूप से भूत व इन्द्रियात्मक हैं अर्थात् भूत–जो पृथिवी, जल, तेज, वायु व आकाश हैं और पांच ज्ञान इंद्रिय व पांच कर्मेन्द्रिय यह दश बाह्य इन्द्रिय और बुद्धि अहंकार मन चित्त अन्तःकरण इन्द्रिय हैं इन भूत व इन्द्रियात्मक है अर्थात् इन भूत व इन्द्रियों के स्वरूप से विद्यमान हैं और जो भोग व अपवर्ग के निमित्त है अर्थात् रजोगुण मिश्रित सत्त्वगुण व रजोगुण व तमोगुण से भोग के निमित्त और सत्त्वगुणमात्र ज्ञान रूप से अपवर्ग (मोक्ष) के निमित्त है वंह दृश्य हैं। बुद्धि ही भोग व अपवर्ग का कारण है पुरुष दृश्य संयोग से मोहमात्र में अपने को बंध व मोक्ष में मानता है जो यह सदेह होवे कि, बन्ध व मोक्ष बुद्धि में होता है पुरुष क्यों मुक्त कहा जाता है? इसका उत्तर यह है कि, यथा–राजा के सेवक योद्धा युद्ध में जय व पराजय को प्राप्त होते हैं व नाम राजा का कहा जाता है। तथा बुद्धि में मोहविकार से बन्ध व ज्ञान से मोक्ष होने में पुरुष का बन्ध व मोक्ष कहा जाता है अर्थात् जब बुद्धि विकार जो रजोगुण तमोगुणकृत विषय हैं उनमें मोहित होती है तब पुरुष बद्ध कहा जाता है और जब केवल सतोगुणी ज्ञान का प्रकाश बुद्धि में होता है तब पुरुष मोक्ष कहा जाता है।।18।।

अब गुणों के परिणाम भेद वर्णन करते है:

विशेषाविशेषलिङ्गमात्रालिङ्गानि गुणपर्वाणि॥19॥

अर्थ– विशेष अविशेष लिङ्गमात्र और अलिङ्ग ये गुण के पर्व (परिणाम) हैं॥19॥

हिन्दी टीका–गुण परिणाम भेद से चार प्रकार के होते हैं-विशेष, अविशेष, लिंगमात्र और अलिंग अब इनका पृथक्-पृथक् व्याख्यान किया जाता है। पांच भूत व ग्यारह इन्द्रियों की सृष्टि क्रिया व्यापार व स्थूलकार्य रूप पदार्थ होने में विशेषता है, इससे इनकी विशेष संज्ञा है अर्थात् आकाश, वायु, तेज, जल व पृथिवी यह पांच भूत शब्द, स्पर्श, रूप, रस व गंध इन पांच तन्मात्राओं के विशष स्थूल कार्य हैं। इसी प्रकार से पांच ज्ञानेन्द्रिय श्रोत्र (कान), त्वचा (चमड़ा), नेत्र, जिह्वा व नासिका और पांच कर्मेन्द्रिय वाक्, हस्त, पाद, गुदा व लिंग ये दश बाह्य इन्द्रिय व ग्यारहवाँ अन्तर इन्द्रिय मन यह अस्मिता लक्षण रूप (अहंकार) के विशेष कार्य हैं इससे यह सोलह गुणों के विशेष परिणाम हैं, अंहकार व पांच तन्मात्रा शब्द, स्पर्श, रूप, रस व गन्ध ये छः अविशेष हैं ये छः महत्तत्व कार्य हैं सत्तामात्र महत्तत्व है। उस सूक्ष्मरूप महत्तत्व का कार्य अहंकार व अहंकार के कार्य शब्द, स्पर्श, रूप, रस, गन्ध हैं। महत्तत्त्व के मुख्य होने यह छहों महत्तत्त्व के परिणाम अविशेष नाम से कहे जाते हैं इनकी अविशेष संज्ञा इससे है कि, सूक्ष्म रूप स्थूल पदार्थों के कारण वा प्रकृति हैं। विकाररूप स्थूल होने में इनकी विशेषता नहीं है, अथवा इन छः से शांत घोर व मूढ होने के लक्षण विशेष नहीं होते, इससे यह अविशेष व पूर्वोक्त सोलह गुण परिणामों में यह लक्षण विशेष होने से वह विशेष कहे जाते हैं। प्रधान के आद्य (सबसे पहले हुआ) परिणाम महत्तत्त्व की लिंगमात्र संज्ञा है इसका विशेष व्याख्यान यह है कि, चेतन पुरुष के साथ प्रकृति के संयोग होने से जो सबसे प्रथम बुद्धिरूप परिणाम होता है उसको महत्तत्त्व कहते हैं। महत्तत्त्व ही पुरुषार्थक्रिया (पुरुषार्थनिमित्त क्रिया) में समर्थ होता है। तब तक महत्तत्त्व परिणाम नहीं होता तबतक प्रकृति पुरुषार्थक्रिया (सृष्टि रचना) में समर्थ नहीं हो सकती। महत्तत्त्व के परिणाम वा विकार अविशेष व अविशेषों के विकार विशेष क्रम से सृष्टि की उत्पत्ति में होते हैं व लय होने के समय में इसी विरुद्ध क्रम से

अर्थात् कार्य वा विकार रूप परिणाम अपने-अपने कारणों में लय को प्राप्त होकर क्रम से महत्तत्त्व में लीन होते हैं। महत्तत्त्वसहित फिर सब प्रकृति में लीन होते हैं। सूक्ष्मरूप प्रकृति का केवल अस्तित्वमात्र अनुमान से सिद्ध होता है, क्योंकि बिना कुछ प्रकृतिरूप सत् मानने के असत् से कुछ संभव नहीं है परंतु उपादान होने मात्र से प्रकृति को कारणत्व माना जाता है। स्वाधीनता से कार्य उत्पन्न करने में कारण नहीं है पुरुषार्थक्रिया में महत्तत्त्व के समर्थ होने व कार्य (विकार) रूप परिणामों में सबसे प्रथम परिणाम व कार्य लिंगमात्र होने व उसके अनन्तर अन्य परिणामों (कार्यों) से वृद्धि क्रम होने से महत्तत्त्व की लिंगमात्र संज्ञा है। प्रकृति के सूक्ष्म सामग्री रूप मात्र से रहने व पुरुष के संयोग से विना महत्तत्त्व परिणाम के हुए किसी कार्य का कारण वा कार्यलिंग न होने से प्रकृति की अलिंग संज्ञा है अर्थात् प्रकृति अलिंग नाम से कही जाती है। वह गुणों के पूर्व (परिणाम) अवस्था के चार भेद हैं। यह गुण सब प्रकृति (माया) के परिणाम हैं। पुरुष इनसे भिन्न है सांख्यदर्शन प्रकृति से लेकर स्थूल भूतों तक कारण व कार्यभेद से चौबीस गुण वर्णन किये हैं व पचीसवाँ पुरुष को कहा है। पचीस गुणों का विभाग यह सत्त्व, रज, व तम इन तीनों गुणों की साम्यावस्था अर्थात् तीनों की एक सम अवस्था को प्रकृति कहते हैं। प्रकृति को सृष्टि के उपादान कारण होने से मुख्य मानकर प्रधान व व्यक्त न होने से अव्यक्त नाम से भी कहते हैं। प्रकृति से महतत्त्व कार्य, जैसा ऊपर वर्णन किया गया है, होता है, महत्तत्त्व (बुद्धि) का अनित्य व कार्य होना इस हेतु से सिद्ध होता है कि पुरुषार्थ (पुरुष का अर्थ वा प्रयोजन अर्थात् भोग अथवा मोक्ष) के निमित्तकारण होने से उत्पन्न होकर नाश को प्राप्त होता है और अवस्थान्तर में कभी उसके (महत्तत्त्व के) विषय गौ घट आदि ज्ञात होते हैं (जाने जाते हैं) कभी नहीं, कारण मात्र व नित्य में ऐसा होना संभव नहीं है। प्रकृतिरूप अलिंग अवस्था का कोई कारण उत्पत्ति व विनाश का न होने से प्रकृति कार्यरूप नहीं है। कारणरूप नित्य है। महत्तत्त्व से अहंकार कार्य वा परिणाम होता है अंहकार से पांच तन्मात्रा-शब्द, स्पर्श, रूप, रस, गंध और ग्यारह इन्द्रिय दश बाह्य इन्द्रिय अर्थात् पांच ज्ञानेन्द्रिय व पांच कर्मेन्द्रिय व ग्यारहवां अन्तर इन्द्रिय मन और पांच तन्मात्राओं से पांच भूत

आकाश, वायु, तेज, जल व पृथिवी कार्य होते हैं क्रम से चौबीस गुण ये व पचीसवां पुरुष सृष्टि उत्पत्ति व वृद्धि के कारण होते हैं। जिज्ञासुओं के समझने के लिये यहां यह अधिक वर्णन कर दिया है।।19।।

अब दृश्य का व्याख्यान करने के अनन्तर आगे सूत्र में द्रष्टा का वर्णन करते हैं:

द्रष्टा दृशिमात्रः शुद्धोऽपि प्रत्ययानुपश्यः।।20।।

अर्थ– द्रष्टा चेतन मात्र शुद्ध है तथापि बुद्धि ही के समान जानने वाला वा देखने वाला है।।20।।

हिन्दी टीका–द्रष्टा (जानने वाला अथवा देखनेवाला) पुरुष चेतनमात्र शुद्धबुद्धि से भिन्न है। बुद्धि पुरुष का स्वरूप नहीं है; क्योंकि बुद्धि का विषय कभी ज्ञात होता है, कभी नहीं अर्थात् जिस विषय का बुद्धि से निश्चय या ज्ञान एक समय में होता है वह बना नहीं रहता, अन्य समय में नहीं होता तथा सुख दुःख मोहात्मक अर्थों को समय-समय वा क्षण-क्षण में बुद्धि ग्रहण वा निश्चय करती है यह सुख आदि तीनों गुणों के परिणाम होने से बुद्धि त्रिगुणरूप है। इन हेतुओं से बुद्धि अनित्य वा परिणामिनी है और पुरुष को संप्रज्ञात व व्युत्थान अवस्थाओं से सदा विषय ज्ञात होने से और पूर्वज्ञात पदार्थों का स्मरण या उनकी पहचान से पुरुष सदा ज्ञाता नित्य, परिणाम (स्वरूप में भेद होना) रहित है, परन्तु यद्यपि चेतनता या ज्ञानशक्ति मात्र पुरुषम होने व अन्य धर्म व विकाररहित होने से पुरुष चेतनमात्र शुद्ध स्वरूप है और बुद्धि से भिन्न है तथापि अविवेक से बुद्धि से अपने को पृथक् न मानकर बुद्धि के समान ही शब्द आदि विषयों को जानता है और सुख.दुःख मानता है।।20।।

तदर्थ एव दृश्यस्यात्मा।।21।।

अर्थ– उसी के अर्थ (उसी के लिये) दृश्य का आत्मा स्वरूप है।।21।।

हिन्दी टीका–उसी (पुरुष) के लिये दृश्य का आत्मा (स्वरूप) है अर्थात् पुरुष जो भोक्ता (भोग करने वाला) है उसी के भोग के लिये दृश्य भोग्य (भोग करने योग्य) पदार्थ हैं।।21।।

कृतार्थं प्रति नष्टमप्यनष्टं तदन्यसाधारणत्वात्॥22॥

अर्थ– कृतार्थ प्रति नष्ट होने पर भी वह अन्यप्रति साधारणत्व से (साधारण होने से) नष्ट नहीं होता॥22॥

हिन्दी टीका–कृतार्थ जो मुक्त है उन प्रति दृश्येक नष्ट होने पर भी वह दृश्य (प्रधान) अन्य प्रति अर्थात् जो कृतार्थ नहीं हैं उनके प्रति नष्ट नहीं होता फलितार्थ इसका यह है कि, पुरुष अनेक हैं इससे जो मुक्त पुरुष का दृश्य संयोग नष्ट भी हो जाता है तो भी अन्य जो संसारी पुरुष हैं उसमें दृश्य का संयोग बना रहता है उससे दृश्य संयोग का नाश नहीं होता। क्यों नहीं होता? साधारण होने या बने रहने से अर्थात् अविद्या से जो पुरुष व दृश्य (प्रधान वा माया) का संयोग है उसके साधारण बने रहने से; क्योंकि बिना तत्त्वज्ञान जो उसके नाश का कारण है वह साधारण रूप से बना रहता है केवल कृतार्थ पुरुषों को प्रति तत्त्वज्ञान होने से नाश को प्राप्त होता है॥22॥

स्वस्वामिशक्त्योः स्वरूपोपलब्धिहेतुः संयोगः॥23॥

अर्थ– अपने व स्वामी दोनों की शक्तियों के स्वरूपों की उपलब्धि (प्राप्ति) का हेतु संयोग है॥23॥

हिन्दी टीका–दृश्य (प्रधान) की अपनी शक्ति जो जड़ता से भोग्य मात्र होने की योग्यता है व स्वामी (पुरुष) की शक्ति जो चेतनता से भोक्ता (भोग करने वाला) होने की योग्यता है इन दोनों के स्वरूपों का प्राप्ति का हेतु (कारण) संयोग है; क्योंकि जब तक पुरुष व प्रधान का संयोग नहीं होता तब तक पुरुष भोक्ता व प्रधान भोग्य नहीं हो सकता। पुरुष प्रधान (प्रकृति) के साथ भोग के लिये संयुक्त होकर भोग करता है, इससे संयोग ही पुरुष के भोक्ता व प्रधान के भोग्य का हेतु है। सारांश इतना ही जानकार सरल व संक्षेप वर्णन किया है, अन्य टीकाकारों ने शब्दार्थ में कुछ अधिक कल्पना करके अधिक व्याख्यान किया है; परन्तु यहां उसके वर्णन की आवश्यकता व उससे विशेष फल न समझकर छोड़ दिया है क्योंकि सूत्रकार ने आप ही वह सब आगे सूत्र में वर्णन कर दिया है॥23॥

तस्य हेतुरविद्या॥24॥

अर्थ– उसका हेतु अविद्या है॥24॥

हिन्दी टीका–उसका (संयोग का) हेतु (कारण) अविद्या अर्थात् मिथ्या ज्ञान है। विपर्यय (विपरीत) ज्ञान अर्थात् अनित्य को नित्य अशुचि को शुचि, दुःख को सुख और अनात्मा को जानना मिथ्या ज्ञान वा अविद्या है। अविद्या की वासना सहित चित्त प्रलय में प्रधान में लीन होकर उत्पत्ति काल में फिर प्रत्येक पुरुष में सत्त्वगुण से उत्पन्न होता है। बिना चित्त के लय हुए पर मोक्ष नहीं होता। संसार में पतित होता है व चित्तपर वैराग्य से लय होता है। जब तक अविद्या से राग आदि का संस्कार बना रहता है तब तक संसारबन्ध नहीं छूटता। संयोग से अविवेकी को बंध व विवेकी को मोक्ष प्राप्त होता है॥24॥

तदभावात्संयोगाभावो हानं तद्दृशेः कैवल्यम्॥25॥

अर्थ– उसके (अविद्या के) अभाव से संयोग का अभाव होना (दुःखनाश) है वही चेतनपुरुष का मोक्ष है॥25॥

हिन्दी टीका–यद्यपि पुरुष आत्मा अपने निज स्वरूप से मुक्त व विकार रहित है, परंतु अविद्या (मिथ्या ज्ञान) से दृश्य के संयोग होने से बन्ध व दुःख को प्राप्त होता है, अविद्या के अभाव होने से उससे हुआ जो संयोग है उसका अभाव (नाश) होता है यही हानि अर्थात् दुःख का नाश है; क्योंकि दृश्य का संयोग ही दुःख रूप है जब पुरुष प्रधान वा दृश्य से भिन्न हो जाता है तब भोगरहित हो जाता है और तब तक संयुक्त रहता है तब तक भोग में उसके फल में परिणाम ताप आदि उक्त दुःखों से दुःखी ही होता है दुःख का नाश होना ही पुरुष का कैवल्य संज्ञक मोक्ष है॥25॥

अब दुःख तथा सर्वथा संयोग को हेतु व हेतुमत् को अभेद मान कर होय (त्यागने योग्य) अविद्या को हेय हेतु और संयोग के अभाव को हानि वर्णन करने के अनन्तर हानि के उपाय को आगे सूत्र में वर्णन करते हैं:

विवेकख्यातिराविपप्लवा हानोपायः॥26॥

अर्थ– मिथ्याज्ञानरहित विवेकख्याति हानि का उपाय है॥26॥

हिन्दी टीका–पुरुष जो प्रधान के कार्यरूप परिणामिनी अनित्य बुद्धि को, जो अपने से भिन्न है उसको अपना आत्मा (स्वरूप) मानता है और बुद्धि में प्राप्त हुए सुख दुःख में यह मानता है कि 'मैं सुखी हूँ' मैं दुःखी हूँ' यह मिथ्याज्ञान है। इसके विरुद्ध पुरुष (आत्मा) का सत्यज्ञान से यह निर्णन करना कि 'मैं बुद्धि व दृश्य पदार्थ से भिन्न हूं, यह विवेकख्याति है मिथ्याज्ञानरहित जो ऐसी विवेकख्याति है उससे परवैराग्यपूर्वक चित्त की वृत्तियों का निरोध होता है और क्लेश निवृत्त होते हैं इससे मिथ्याज्ञानरहित विवेक हानि का (दुःख के नाश होने का) उपाय है। सम्पूर्ण दुःखों से छूटना ही मोक्ष है इससे यही मोक्ष के प्राप्त होने का उपाय है। पुरुष का बुद्धि से भिन्न होना व बुद्धि होना व बुद्धि से रहित होना जो इस शास्त्र में कहा है। इसमें जो यह संदेह होवे या जो यह संदेह करते हैं कि बुद्धि ज्ञान ही है। बुद्धिरहित पुरुष के मानने में पुरुष को अचेतन मानना होगा बुद्धिरहित पुरुष कैसे हो सकता है? इसका उत्तर यह है कि, कार्यरूप परिणामिनी बुद्धि अर्थात् जो त्रिगुणात्मिका भोग विवेकरूप परिणामित (परिणाम को प्राप्त) बुद्धि है उससे रहित होना कहा है उसके निवृत्त होने से मोक्ष होता है; क्योंकि रजोगुण से भोग में प्रीति, तमोगुण से मोह, व सत्त्वगुण से विवेकरूप बुद्धि होती है, इस विवेकरूप ही को दर्शन व ज्ञान नाम से कहते हैं व यही मोक्ष का हेतु होती है और इसके अभावरूप रजोगुण तमोगुणात्मिका बुद्धि (बोध) को अदर्शन वा मिथ्याज्ञान कहते हैं। यह दुःख व बंध का हेतु होती है। इस त्रिगुणात्मिक बोध को बुद्धि का प्रत्यय शब्द से कहा है और जो पुरुष नित्य ज्ञानशक्ति है उस ज्ञानशक्ति स्वरूप बुद्धि की निवृत्ति होने का नहीं कहा। यह मोक्ष में भी बनी रहती है इससे पुरुष को मोक्षसुख के ज्ञान होने व पुरुष के चेतन होने में दोष नहीं आता केवल शब्द के नियत अर्थ व भाव न जानने से भ्रम होता है।।26।।

तस्य सप्तधा प्रान्तभूमिः प्रज्ञा।।27।।

अर्थ– उसकी (विवेकी वा) ज्ञानी की (प्रज्ञा) विवेकरूप बुद्धि (सात प्रकार की प्रांतभूमि) उत्कृष्ट अंत अवस्थावाली होती है अर्थात् विवेकवान योगी के प्रज्ञा की सात प्रकार की उत्कृष्ट अंत अवस्था होती है।।27।।

हिन्दी टीका–विवेकी के प्रज्ञा की सात प्रकार की प्रान्तभूमि अर्थात् उत्कृष्ट अंत अवस्था होती है एक जैसा वर्णन किया गया है कि परिणाम ताप संस्कार दु:खों से और गुण व वृत्तियों के विरोध से जितना प्रकृति (माया) का कार्य है सब दु:ख ही है ऐसे दु:ख को हेय (त्यागने योग्य) निश्चित हो जाना कि उसमें संदेह व जानने का अंत हो जावे फिर अधिक जानने योग्य न समझा जावे। दूसरी–हेय हेतुओं का (द्रष्टा व दृश्य के संयोग रूप दु:ख उत्पन्न करने वाले शब्द आदि विषयों में राग, द्वेष, मोह कारणों का) अति क्षीण हो जाना। तीसरी–सम्प्रज्ञात समाधि अवस्था में योगी को यह दृढ़ निश्चित हो जाना, कि निरोधसमाधि असम्प्रज्ञात समाधि से हानि (दु:खों का नाश) हो सकता है और चौथी–विवेकख्याति जो हानि का उपाय है उसका अतिभावित होना अर्थात् दृढ़ व सिद्ध किया जाना यह चार कार्य विमुक्तिरूप हैं और तीन चित्तविमुक्तिरूप हैं, एक–भोगों में प्रवृत्त रहने के अन्तर चित्त का भोगों से उदासीन होकर मोक्ष के लिये यत्न करने में प्रवृत्त होना। दूसरी–अविद्या के नाश होने से बुद्धि के गुणों का अपने-अपने कारणों में लय होकर कारणसहित नाश को प्राप्त होना और अविद्या कारण के अभाव से फिर उनका उत्पन्न न होना और तीसरी–जीते हुए गुणसम्बन्ध से रहित हो ज्ञानी का निर्मल मुक्तरूप होना। इन सात रूप से विवेक होने का उपाय होना सिद्धि होना है।।27।।

बिना साधन सिद्धि नहीं होती है, इससे अब आगे साधन वर्णन करने का आरंभ करते हैं :

योगाङ्गानुष्ठानादशुचिक्षये
ज्ञानदीप्तिराविवेकख्यातेः।।28।।

अर्थ– **योग के अंगों के अनुष्ठान से अशुचि (विषयभोग वा अज्ञान) के नाश होने से या विवेकख्याति से ज्ञान की दीप्ति बढ़ती है।।28।।**

हिन्दी टीका–योग के अंगों के अनुष्ठान से अशुचि का अर्थात् विषय भोग व विषय प्रीति का नाश होता है। अशुद्धि के नाश होने से ज्ञान की दीप्ति (प्रकाश) बढ़ती है। जैसे अनुष्ठान वा साधन की अधिकता होती जाती है वैसे ही क्रम से अशुद्धि की क्षीणता होती जाती है। जैसे अशुद्धि

की क्षीणता होती जाती है उस क्रम से ज्ञान की दीप्ति बढ़ती है अथवा विवेकख्याति से अर्थात् गुणों व पुरुष के स्वरूप के विज्ञान (विशेषज्ञान) से ज्ञान की दीप्ति बढ़ती है। 'आ' शब्द जो सूत्र में 'विवेक' शब्द के पूर्व है वह विकल्प अर्थवाचक है। योग के अंगों का अनुष्ठान अशुद्धि के वियोग (नाश) का कारण है जैसे कुठारमूल से वृक्ष के वियोग (जुदा कर देने) का कारण है और योगांगों का अनुष्ठान विवेक की प्राप्ति का कारण है। जैसे धर्म सुख की प्राप्ति का कारण है कारण प्रकार के होते हैं, यह जानने के लिये कारणों के भेद वर्णन करते हैं, कारण नव प्रकार के होते हैं–उत्पत्ति, स्थिति, अभिव्यक्ति, विकार, प्रत्यय, प्राप्ति, वियोग, अन्यत्व व धृति यथा-मन ज्ञान का उत्पत्ति कारण है; पुरुषार्थता मन की स्थिति का कारण है; आहार शरीर की स्थिति का कारण है इत्यादि प्रकाश रूप की अभिव्यक्ति (प्रकट होने) का कारण है, तथा रूपज्ञान रूप की अभिव्यक्ति का कारण है, पंचमस्वर सुन्दरता आदि एकाग्र हुए मन के विकार के कारण हैं अर्थात् मन में विकार उत्पन्न करने के कारण हैं तथा अग्नि में जो चीज पकाई जाती है उसका विकार कारण है। धूम्र (धुवाँ) का ज्ञान अग्नि का प्रत्यय कारण है अर्थात् अग्नि के प्रतयय (ज्ञान) होने का कारण है, योग के अंगों का अनुष्ठान विवेकख्याति की प्राप्ति का कारण वही अशुद्धि का वियोग कारण है, सोनार गहनों का अन्यत्व कारण है, शरीर इन्द्रियों का धृति कारण है। अर्थात् धारण करने का कारण है इसी प्रकार से यह नव कारण अन्य पदार्थों में योजित करने व विचारने योग्य हैं। उक्त प्रकार से योग के अंगों का अनुष्ठान अशुद्धि के नाश का व विवेक की प्राप्ति का, दो प्रकार का कारण होता विदित होता है।।28।।

अब योग के अंगों को वर्णन करते हैं :

यमनियमासनप्राणायामप्रत्याहारधारणाध्यानसमाधयो-ऽष्टावङ्गानि।।29।।

अर्थ– यम, नियम, आसन, प्राणायाम, प्रत्याहार, धारणा, ध्यान और समाधि ये आठ अंग हैं।।29।।

हिन्दी टीका–ये योग के आठ अंग हैं इनके अनुष्ठानविधि का यथाक्रम से वर्णन किया जाता है।।29।।

अहिंसासत्यास्तेयब्रह्मचर्यापरिग्रहा यमाः॥30॥

अर्थ– अहिंसा, सत्य, अस्तेय, ब्रह्मचर्य और अपरिग्रह ये यम हैं॥30॥

हिन्दी टीका–सब काल में सब प्राणियों के साथ वैर न रखना व किसी प्राणी का वध न करना अहिंसा है। वैर करना यह मानसिक हिंसा व वध करना कर्म हिंसा है। इन दोनों का त्याग करना अहिंसा धर्म है। मन व इन्द्रियों से जैसा जाना जाय या जैसा अपने ज्ञान में होवै छलरहित वैसा ही कहना सत्य है, परन्तु यह सब प्राणियों के हित के लिये है पर के घात वा ताप के लिये सत्य नहीं हैं। पर को ताप देने वाला या अहित करने वाला जो सत्य है वह पाप है, पर के द्रव्य को बिना उसकी आज्ञा न अनुचित रीति से गुप्त ग्रहण न करना व मन से ऐसे ग्रहण की इच्छा न करना अस्तेय है, उपस्थ इन्द्रिय (लिंग) को वश में रखना जिससे काम उदय होने का संभव हो ऐसे आचरण यथा स्त्रियों के रूप देखने में चित्त लगाना, स्त्रियों से हँसी, वार्ता करना, अंग का स्पर्श करना आदि का त्यागना ब्रह्मचर्य है, विषयों के संचय करने में निंदितपरिग्रह दोष होने तथा रक्षा करने में व नाश होने व संग होने में और राग बढ़ने व हिंसा होने में दोषों को जानकर उनका अंगीकार न करना अपरिग्रह है अर्थात् जो पदार्थ राग को बढ़ाता है उसको दोषरूप और अपरिग्रह रूप जान उनमें इच्छा का न करना अपरिग्रह जानना चाहिये। ये पांचों यम के भेद लक्षणों सहित समझकर कहे गये हैं॥30॥

एते जातिदेशकालसमयानवच्छिन्नाः सार्वभौमा महाव्रतम्॥31॥

अर्थ– जो अहिंसा अथवा अहिंसा आदि यम, जाति, देश, काल और समयों से अवच्छिन्न न हों अर्थात् जाति देश काल व समय विशेष के नियम व परिमाण युक्त न हों उनका सम्पूर्ण भूमि सब प्राण, सब काल और सब देश में परिपालन करना महाव्रत है॥31॥

हिन्दी टीका–गौ व मनुष्य को न मारना चाहिये, मत्स्य, छेरी, बकरा आदि मारने में दोष नहीं है, यह जात्यवच्छिन्न अहिंसा है। तीर्थ देश में

हिंसा न करना चाहिये, अन्यत्र करने में दोष नहीं ऐसा मानना देशावच्छिन्न अहिंसा है, व्रत श्राद्ध आदि पुण्य दिन में हिंसा न करूंगा यह कालावच्छिन्न और यज्ञ में देवता के लिये हिंसा करूंगा यह अन्यथा नहीं यह समयावच्छिन्न अहिंसा है, इस प्रकार से जो जाति आदिकों के साथ अवच्छिन्न न हो ऐसे अहिंसाधर्म को पालन करना अर्थात् ऐसा जानकर कि, किसी प्राणी का वध करना व दुःख देना उचित नहीं है सब स्थान व सब काल में हिंसा पाप है। सर्वथा हिंसा को त्यागना महाव्रत है। इसी के समान जाति, देश, काल व समयविशेष के नियमरहित सत्य, अस्तेय, ब्रह्मचर्य और अपरिग्रह के अनुष्ठान व पालन करने को महाव्रत जानना चाहिये।।31।।

शौचसन्तोषतपस्स्वाध्यायेश्वरप्रणिधानानि नियमाः।।32।।

अर्थ– शौच, संतोष, तप, स्वाध्याय और ईश्वरप्रणिधान ये नियम हैं।।32।।

हिन्दी टीका–शौच पवित्रता को कहते हैं। पवित्रता दो प्रकार की होती है, एक बाहर की व दूसरी भीतर की मिट्टी व जल से बाहर के अंगों को शुद्ध करना, स्वच्छ वस्त्र धारण करना, ग्रास संख्या से सूक्ष्म भोजन करना, जिससे मल और आलस्य की वृद्धि न होवे यह बाहर की पवित्रता है। सत्यभाषण, विद्याभ्यास, सत्संग, धर्माचरण से असत्य मान मद ईर्ष्या मल से चित्त को शुद्ध करना यह अंतर (भीतर) की 'पवित्रता' है अपने प्राणरक्षामात्र के लिये जो आवश्यक है उससे अधिक अन्न, धन, वस्त्र, आदि की इच्छा न करना 'संतोष' है। क्षुधा पिपासा, शीत उष्ण सहना कृच्छ्रचान्द्रायण आदि व्रत करना व अन्य धर्माचरण व शुभगुणों के आचरण से आत्मा (मन) को तप्त सुवर्ण के समान निर्मल करना तप है मोक्षविद्या विधायक वेद शास्त्र का पढ़ना या प्रणव का जप करना 'स्वाध्याय' है। सब कर्म प्राण आत्मा ईश्वर में समर्पण करना ईश्वरप्रणिधान है अर्थात् सर्व कर्मों व शुभ धर्मों के फल को ईश्वर में समर्पण करना और ध्यान करके चित्त को स्थिर करना ईश्वर प्रणिधान' है। चाहे शय्या में आराम करता चाहे आसन में बैठा चाहे मार्ग में चलता हो जो स्वस्थ चित्त

सम्पूर्ण कुतर्क जाल से रहित है और संसार बीज के नाश करने वाले ज्ञान को प्राप्त है वह दोषरहित व नित्यमुक्त है।।32।।

वितर्कबाधने प्रतिपक्षभावनम्।।33।।

अर्थ– कुतर्क के बाधा करने में प्रतिपक्ष (विरुद्धपक्ष) की भावना करना चाहिये।।33।।

हिन्दी टीका–जब मन में कुतर्क हो तब उसके निवृत्त होने के लिये विरुद्ध पक्ष जो विचार है। उसकी भावना करना चाहिये यथा-जब ऐसे वितर्क कुतर्क उत्पन्न होवें कि इसने मेंरी हानि की है। इसको मार डालूंगा अपने प्रयोजन सिद्ध होने या दूसरे की हानि के लिये यह बात झूठ कहूँगा, इसका धन ले लूंगा इसकी सुन्दरी स्त्री के साथ भोग करूंगा ऐसे अधर्माचरणों की इच्छारूप प्रबल वितर्कों से जब हृदय को बाधा होवे तब इस प्रकार से वितर्कों को प्रतिपक्षरूप अर्थात् शत्रुरूप विचार व विराग की भावना करे कि मैं महा अधम हूं जो ऐसे घोर संसार में पच करके बहुत काल अधर्म व कुकर्म में वृथा व्यतीत करके गुरुकृपा से अच्छे संस्कार से भगवत्शरण को प्रापत हुआ हूं सब प्राणियों के अभयपद को देने वाला योग धर्म है, उस प्राप्त योग धर्म को छोड़कर फिर कुतर्क दुष्ट वासना में पतित होता हूँ वा हो रहा हूँ यह त्यागने योग्य है। धर्म से उत्तम कुछ नहीं है; उसकी दृढता मुख्य है, इस प्रकार से मन को स्थिर व दृढ़ करना चाहिये।।33।।

अब आगे सूत्र में प्रतिपक्ष भावना को स्पष्ट वर्णन करते हैं :

वितर्का हिंसादयः कृतकारितानुमोदिता लोभक्रोध-मोहपूर्वका मृदुमध्याधिमात्रा दुःखाज्ञानानन्तफला इति प्रतिपक्षभावनम्।।34।।

अर्थ– लोभ क्रोध मोह पूर्वक मृदु मध्य अधिमात्रा संयुक्त (किये गये) कारित (कराये गये) अनुमोदित (अच्छे समझे गये) हिंसा आदि वितर्क अनन्त दुःख व अज्ञान फलवाले हैं ऐसा विचार करना प्रतिपक्षभावन (प्रतिपक्ष की भावना करना है)।।34।।

हिन्दी टीका–हिंसा आदि अधर्म आचरण कृत (किये गये) कारित (दूसरे से कराये गये) अनुमोदित (अच्छे समझे गये) यह सब वितर्क हैं। मांस व चर्म के लिये मारना लोभपूर्वक हिंसा है। इसने हमारा अपकार (नुकसान) किया है इस द्वेष से मारना क्रोधपूर्वक हिंसा है। बलिदान में इस मोह (अज्ञान) से मारना कि, इससे धर्म व स्वर्ग प्राप्त होगा मोहपूर्वक हिंसा है। अब कृत कारित और अनुमोदित इन तीनों में से पृथक्-पृथक् प्रत्येक के लोभ, क्रोध और मोहपूर्वक होने से अर्थात् एक-एक के तीन-तीन भेद होने से हिंसा नव प्रकार की होती है फिर लोभ क्रोध मोहों में मृदुमात्रा (थोड़ा होना) मध्यमात्रा (न बहुत कम होना न बहुत अधिक होना) तीव्रमात्रा (अधिक होना) यह तीन भेद होने से नव प्रकार में एक-एक में तीन-तीन भेद हो जाने से सत्ताईस (27) भेद होते हैं। मृदु मध्य और तीव्र मात्राओं में भी एक-एक में तीन-तीन भेद होने से अर्थात् मृदु में मृदु-मृदु, मृदुमध्य, मृदुतीव्र, ये तीन, मध्य में-मृदुमध्य, मध्यमध्य, मध्य तीव्र, यह तीन और तीव्र में-मृदुतीव्र, मध्यतीव्र, तीव्रतीव्र ये तीन भेद होने से सत्ताईस भेदों में फिर एक एक में तीन तीन भेद हो जाने से इक्यासी (81) भेद होते हैं। फिर असंख्य प्राणियों के भेद होने से नियम विकल्प समुच्चय भेद से अधिक भेद हो जाते हैं। इसी हिंसा के समान असत्य आदि के भेद समझना चाहिये यह वितर्क नरक आदि दुःख स्थावर आदि योनियों में प्राप्त होने अज्ञान के हेतु होने से अनन्त दुःख व अज्ञान फल के करने वाले हैं। ऐसा वितर्कों के विरुद्ध विचारना प्रतिपक्ष भावन है, जैसे वध करने वाला जिसको मारता है प्रथम उसको निर्बल अपने अधीन करता है फिर हथियार से काटकर दुःख देता है और प्राणरहित करता है उसी तरह निर्बल करने से वध करने वाले के इन्द्रिय व शरीर परिणाम में निर्बल होते हैं; निर्बल होने से बल क्षीण व पराधीन होता है; दुःख देने से नरक तिर्यक् योनि और प्रेत आदि योनि में प्राप्त होता है। दुःख भोग करता है, प्राणरहित करने से आयु क्षीण होती है। जन्मान्तर में जो किसी पुण्य से सुख को प्राप्त हुआ तो सुख भोग के लिये आयु थोड़ी होती है। इसी प्रकार से असत्य आदि से पर का अपकार और अधर्म करने से अनेक दुःखरूप फल होते हैं इससे बुद्धिमान् विचार

द्वारा देखे हिंसादिक दुःख की खान है। इनका फल अज्ञानकृत अनन्त दुःख ही हैं लोभ, क्रोध और मोह के वश होकर अपने सुख के लिये परया अहित करता है सो इससे पहले तो चित्त प्रसन्न होता है परन्तु अंत में सब सुख नष्ट होकर अनन्त दुःख प्राप्त होता है सो जो सुख चाहे वह दृढ़ करके हिंसादिक सब वितर्कों को विचार द्वारा त्याग के मोक्षसुख के यत्न में लगा रहे।।34।।

अब यम नियम के साधन से क्या फल है, या होता है? वह वर्णन करते हैं :

अहिंसाप्रतिष्ठायां तत्सन्निधौ वैरत्यागः।।35।।

अर्थ– **अहिंसा की प्रतिष्ठा में (दृढ़ स्थिति में) अर्थात् इस प्रकार से चित्त में अहिंसा की दृढ़ स्थिति होने में कि फिर कभी हिंसा का भाव उदय न होय उसके समीप में (अहिंसा में दृढता रखने वाले योगी के समीप में) वैर का त्याग होता है।।35।।**

हिन्दी टीका–जो योगी हिंसा को कर्म से व मन से सर्वथा त्याग देता है उसके हृदय से वैरभाव दूर हो जाता है, किन्तु उसके संग व समीप में अन्य जीवों का वैरभाव छूट जाता है। अर्थात् व्याघ्र-गो, भैंसा, घोड़ा, मूसा-बिल्ली, सर्प-न्योला आदि एक दूसरे से वैरभाव त्याग देते हैं।।35।।

सत्यप्रतिष्ठायां क्रियाफलाश्रयत्वम्।।36।।

अर्थ– **सत्य का प्रतिष्ठा में क्रिया व फलका आश्रयत्व (आश्रय होना) सिद्ध होता है अर्थात् योगी के वाक् व मनोरथ क्रिया व फल के आश्रय होते हैं।।36।।**

हिन्दी टीका–जब धार्मिक मनुष्य निश्चय करके केवल सत्य ही मानता और कहता है तब वह जो जो योग्य काम करता व करना चाहता है वह सब सफल हो जाते हैं। सम्पूर्ण क्रिया व फल उसके वचन व इच्छा में आश्रित होते हैं अर्थात् उसके सब मनोरथ व वचन पूर्ण व सत्य होते हैं उस योगी के वचन से अन्य को सुख व मनोरथ प्राप्त होता है। उसका वचन मिथ्या नहीं होता।।36।।

अस्तेयप्रतिष्ठायां सर्वरत्नोपस्थानम्॥37॥

अर्थ– चोरी न करने की प्रतिष्ठा में सब दिशा व स्थान रत्नस्थान होते हैं॥37॥

हिन्दी टीका–जब साधन करने वाला मनुष्य शुद्ध मनसे सर्वथा चोरी को त्याग देता है तब उसको सब स्थान में वांछित रत्न व उत्तम पदार्थ प्राप्त होने लगते हैं॥37॥

ब्रह्मचर्यप्रतिष्ठायां वीर्यलाभः॥38॥

अर्थ– ब्रह्मचर्य की प्रतिष्ठा में सामर्थ्य प्राप्त होता है॥38॥

हिन्दी टीका–ब्रह्मचर्य साधन में अर्थात् उपस्थ (लिंग) इन्द्रिय के संयम रखने से यानी व्यभिचार न करने से विद्या पठन-पाठन युक्त शुद्धचित्त कामवर्जित होने से शरीर व बुद्धि का बल बढ़ता है और सिद्धियां प्राप्त होती हैं॥38॥

अपरिग्रहस्थैर्ये जन्मकथन्तासम्बोधः॥39॥

अर्थ– अपरिग्रह की दृढता होने में अर्थात् विषय से रहित होने में अपने जन्मान्तर के भेदों का ज्ञान या विचार होता है॥39॥

हिन्दी टीका–जब मनुष्य सब विषयों को त्यागकर सर्वथा जितइन्द्रिय होता है, तब मैं कौन था? कहाँ से आया हूं? कहाँ जाऊंगा? भूत भविष्यत् वर्तमान तीनों काल में जन्मान्तर का, विचार और क्या करने से मेरा कल्याण होगा यह ज्ञान उसके चित्त में स्थिर होता है॥39॥

शौचात्स्वाङ्गजुगुप्सा[1] परैरसंसर्गः॥40॥

अर्थ– शौच से अपने अङ्ग में घृणा और पर के अङ्गों के साथ संयोग करने की मति न होती है॥40॥

हिन्दी टीका–पूर्व ही जैसा शौच वर्णन किया है उस प्रकार से शौच (पवित्रता) में दृढ़ता होने से जब शौच करने पर भी अपने शरीर व शरीर के अवयवों में मलिनता रहते अर्थात् बाहर भीतर मल संयोग रहते देखता है, सर्वथा शुद्ध नहीं होते तब औरों के शरीर मल से भरे जानकर योगी

1. स्वाङ्गे जुगुप्सा इति पाठान्तरम्।

दूसरे से अपने शरीर मिलाने में संकोच व घृणा करके सदा अलग रहता है यह बाह्य शौच का फल है॥40॥

अब अन्तरशौच के फल को वर्णन करते हैं :

सत्त्वशुद्धिसौमनस्यैकाग्र्येन्द्रियजयात्मदर्शनयोग्यत्वानि च॥41॥

अर्थ– **और सत्त्व (बुद्धि या अंतःकरण) की शुद्धि सौमनस्य (मन की प्रसन्नता) ऐकाग्र्य इन्द्रियों का जीतना आत्मज्ञान के योग्य होने का फल होता है॥41॥**

हिन्दी टीका–शौच से क्रम से सत्त्वशुद्धि अर्थात् रजोगुण व तमोगुण के कार्यरूप ईर्ष्या आदि मल दूर हो जाने से जब सत्त्वगुण रूप अंतःकरण शुद्ध होता है, तब मन की प्रसन्नता होती है उसके अनन्तर चित्त का ऐकाग्र्य होता है। चित्त के ऐकाग्र्य होने से योगी इन्द्रियों को जीतता है इन्द्रियों के जीतने से आत्मज्ञान के योग्य होता है, यह अनन्तर शौच का फल है अन्तरीय शुचि जब प्राप्त होती है तब अज्ञान और अज्ञान के कार्य नष्ट हो के ज्ञान का प्रकाश हो जाता है इसी को पूर्ण शुचि कहते हैं॥41॥

सन्तोषादनुत्तमसुखलाभः॥42॥

अर्थ– **संतोष से जिससे उत्तम अन्य सुख नहीं है ऐसा सुख प्राप्त होता है॥42॥**

हिन्दी टीका–संतोष से तृष्णा के नाश होने से अति उत्तम सुख होता है। महात्माओं ने कहा है कि, जो काम आदि और बड़े-बड़े सुख संसार में हैं वे सब दोषयुक्त हैं तृष्णा के नाश होने से जो निर्दोष सुख है अन्य सुख उसके सोलहवीं कला को नहीं तुलते॥42॥

कायेन्द्रियसिद्धिरशुचिक्षयात्तपसः॥43॥

अर्थ– **तप से अशुचि के (अशुद्धि के) नाश होने से शरीर व इन्द्रियों की सिद्धि होती है॥43॥**

हिन्दी टीका–तप से अशुद्धि का नाश होता है और अशुद्धि अर्थात् आवरणरूप अज्ञान के नाश होने से शरीर व इन्द्रियों की सिद्धि प्राप्त होती

है शरीर सिद्धि अर्थात् अणिमादिक सिद्धि और दूर देश का देखना व दूर देश के शब्द का सुनना आदि इन्द्रियसिद्धि की प्राप्ति होती है।।43।।

स्वाध्यायादिष्टदेवतासम्प्रयोगः।।44।।

अर्थ– स्वाध्याय से इष्ट देवता का संप्रयोग होता है।।44।।

हिन्दी टीका–स्वाध्याय से अर्थात् इष्टमंत्र के जप के जो इष्ट देवता है उसका संप्रयोग (साथ) अर्थात् इष्ट देवता का दर्शन होता है और इष्ट देवता उपासक के सब कार्य सिद्ध करने में सहायक रहता है, अथवा इष्ट देवता से यहाँ मुख्य परमात्मा का ग्रहण है अर्थात् स्वाध्याय प्रणव के जप व आत्मनिरूपण से परमात्मा के साथ संयोग होता है फिर परमात्मा के अनुग्रह की सहायता और अपने आत्मा के सत्याचरण पुरुषार्थ प्रेम के संयोग से जीव मुक्ति को प्राप्त होता है।।44।।

समाधिसिद्धिरीश्वरप्रणिधानात्।।45।।

अर्थ– ईश्वरप्रणिधान से समाधि की सिद्धि होती है।।45।।

हिन्दी टीका–ईश्वर के सब भाव समर्पण करने से योगी सुगमता से समाधि को प्राप्त होता है।।45।।

तत्र[1] स्थिरसुखमासनम्।।46।।

अर्थ– जिसमें सुखपूर्वक शरीर व आत्मा स्थिर हो वह आसन है।।46।।

हिन्दी टीका–जिसमें आत्मा व शरीर स्थिर अर्थात् निश्चल हो व सुख हो वह आसन है। आसन बहुत प्रकार के हैं। यथा-पद्मासन, वीरासन, भद्रासन, स्वस्तिक, दण्डासन, सोपाश्रय, पर्यक, क्रौंचनिषंदन, हस्तिनिषन्दन, समसंस्थन, स्थिर सुख आदि पद्मासन में बायाँ चरण सिकोड़कर दाहिनी जांघ के ऊपर रखा जाता है व दाहिना चरण बायें जांघ के ऊपर इसी प्रकार से अन्य भद्रासन आदि के पृथक्-पृथक् विधानं व स्वरूप का वर्णन है; परन्तु सब आसनों के वर्णन करने की तथा उनके साधन करने की आवश्यकता नहीं है। पद्मासन साधारण व प्रसिद्ध है और प्रयोजन के लिये अच्छा है। महात्मा सूत्रकार के मतानुसार इन आसनों में से किसी आसन अथवा जिस प्रकार से रुचि हो उस प्रकार से बैठे क्योंकि मुख्य

1. तत्र इति योगदर्शनमूलग्रन्थे नास्ति।

प्रयोजन यह है कि जिसमें सुखपूर्वक शरीर व आत्मा स्थिर हो वही आसन है।।46।।

प्रयत्नशैथिल्यानन्तसमापत्तिभ्याम्।।47।।

अर्थ– प्रयत्न की शिथिलता व अनन्त में चित्त लगाने (एकाग्र करने) से आसनजित् होता है।।47।।

हिन्दी टीका–शरीर का काँपना, चित्त का एकाग्र (स्थिर) न रहना अनेक विषयों में दौड़ना यह साधारण शरीर का प्रयत्न व चित्त की अवस्था है यह शरीर का साधारण चलायमान होना है, उसको साधन की दृढ़ता से शिथिल करना कि, जिससे निश्चल होय शरीर में कंप न हो व अनन्त जो परमेश्वर है उसमें समापत्ति से अर्थात् दृढ़ चित्त को लगाने से जिससे विषयवासना में दौड़कर एक स्थान व आसन साधन से उच्चाटन हो आसन सिद्ध होता है, प्रयत्न की शिथिलता व अनन्त में समापत्ति (एकाग्र चित्त करना) ये दो आसनजित् होने के उपाय हैं।।47।।

ततो द्वन्द्वाऽनभिघातः।।48।।

अर्थ– उससे (आसनजित् होने से) द्वन्द्वों से बाधा नहीं होती।।48।।

हिन्दी टीका–जब योगी आसनजित् होता है अर्थात् आसन में दृढ़ता प्राप्त कर लेता है तब उसको द्वन्द्वों से अर्थात् शीत उष्णता आदि से शरीर में बाधा नहीं होती और बाधा न होने से ध्यान वा समाधि में विक्षेप नहीं होता है।।48।।

तस्मिन् सति श्वासप्रश्वासयोर्गतिविच्छेदः प्राणायामः।।49।।

अर्थ– उसमें (आसन में) स्थित होकर श्वास व प्रश्वासों की गति का रोकना प्राणायाम है।।49।।

हिन्दी टीका–जो वायु बाहिर से भीतर को आता है उसको श्वास व जो भीतर से बाहर को जाता है उसको प्रश्वास कहते हैं। दोनों के आने जाने को रोकना प्राणायाम है बाहर के वायु को भीतर भरने को पूरक व भीतर के वायु को बाहर निकालने वा छोड़ने को रेचक व रोक रखने को कुंभक कहते हैं। श्वास से बाहर के वायु को भीतर खींचकर रोकना श्वास

प्रश्वास का रोकना अथवा भीतर के वायु को बाहर निकालकर श्वास प्रश्वास का रोकना प्राणायाम है।।49।।

बाह्याभ्यन्तरस्तम्भवृत्तिर्देशकालसंख्याभिः[1] परिदृष्टो दीर्घसूक्ष्मः।।50।।

अर्थ— बाह्य आभ्यन्तर स्तंभवृत्तियाँ हैं जिसको ऐसा प्राणायाम देश काल संख्याओं से दीर्घ व सूक्ष्म विदित होता है।।50।।

हिन्दी टीका—प्रश्वासपूर्वक वायु की गति का अभाव होना अर्थात् रुकना बाह्यवृत्ति, श्वासपूर्वक वायु की गति का अभाव आभ्यन्तर वृत्ति और दोनों का अभाव स्तंभवृत्ति ये तीन हैं वृत्तियां जिसकी ऐसा जो प्राणायाम है, वह देश काल संख्याओं से दीर्घ सूक्ष्म होना विदित होता है। इस सूत्र में पूर्वसूत्र से प्राणायामशब्द की अनुवृत्ति आती है अर्थात् पूर्वसूत्र के संबन्ध से इसमें प्राणायामशब्द का ग्रहण होता है। बाह्य, आभ्यंतर व स्तंभवृत्ति तथा दीर्घ व सूक्ष्म यह प्राणायाम के विशेषण हैं। देश काल व संख्याओं से दीर्घ का सूक्ष्म विदित होना यह है कि रेचक का बाह्यदेश विषय है व पूरक कुम्भकों का अन्तर देश विषय है, इससे देश शब्द से बाहर व भीतर से वायु के भरने व निकालने के देशों का ग्रहण होता है। काल से क्षणों से लेकर घटी पहर दिन आदि परिणाम से प्राणायाम में काल की अधिकता होते जाने से अभिप्राय है अर्थात् प्रथम कुछ क्षणों तक प्राणायाम करना, फिर अधिक समर्थ होने से उसके अधिक देर तक करना, इसी तरह दिन पक्ष मास आदि तक अभ्यास बढ़ाना प्रणव के छत्तीस संख्या तक प्रश्वासपूर्वक प्रथम स्तंभन करना फिर मन्द मन्दश्वास लेना अथवा बारह संख्या तक श्वास भरना व बत्तीस तक स्तंभन करना व बीस तक प्रश्वास निकालना फिर अधिक बढ़ाकर सोलह संख्या तक अर्थात् सोलह बार प्रणव (ॐशब्द) के उच्चार तक श्वास को धीरे-धीरे खींचकर भरना व चौंसठ तक स्तंभ करना व बत्तीस तक धीरे-धीरे प्रश्वास से बाहर निकालना फिर जैसा अभ्यास से सामर्थ्य बढ़ता जाय अधिक करना इन देश काल संख्याओं के परिणाम से प्राणायाम साधन में वायु के रोकने की शक्ति की अधिकता होती जाती है, अभ्यास से

1. स तु बाह्याभ्यन्तर इति भोजवृत्ति राजमार्तण्डयोर्मूले पाठः।

रोकने की शक्ति अधिक होने के अनुसार प्राणवायु दीर्घ से सूक्ष्मरूप होता जाता है अर्थात् जैसे तपे हुए पत्थर में जो जल का बिन्दु (अर्थात् बूँद) पड़ता है वह चारों तरफ संकुचित होता व सूखता जाता है व संकुचित होते हुए सूक्ष्म होता जाता है। इसी तरह अभ्यास किये जाने से अधिक बहने वाला अधिक देश व काल से व्यापित होने से दीर्घ वायु रुककर शरीर ही मात्रा में सूक्ष्म होकर रह जाता है। यह प्राणवायु का दीर्घरूप से सूक्ष्म होना संख्या में कोई तीन बार हाथ से जानु के छूने के काल को मात्रा संज्ञा मानकर मात्राओं की संख्या प्राणायाम साधन में कहते हैं परंतु प्रणव के उच्चारण को मानना व प्रणक के उच्चारण की संख्या से प्राणायाम का विधान उत्तम जानकर प्रणव की संख्या को प्राणायाम की संख्याविधान में वर्णन किया है।।50।।

बाह्याभ्यन्तरविषयाक्षेपी चतुर्थः।।51।।

अर्थ– **बाह्याभ्यन्तर विषयाक्षेपी चौथा प्राणायाम है अर्थात् बाह्य विषय व आभ्यन्तर विषय में आक्षेप पूर्वक (अवरोपण पूर्वक) जो वायु की गति का अवरोध (रोकना) है वह चौथा प्राणायाम है।।51।।**

हिन्दी टीका–देश, काल व संख्याओं से बाह्य विषय और आभ्यन्तर विषय में जो वायु के आक्षेप (आरोपण) हैं इन दोनों आक्षेपपूर्वक क्रम से वायु की गति के रोकने को बाह्याभ्यन्तरविषयाक्षेपी नामक चौथा प्राणायाम कहते हैं। अब इसमें यह संदेह होता है कि स्तंभवृत्ति जो तीसरा प्राणायाम कहा है वह भी वायु की गति को रोकना ही है इससे तीसरे से विशेष चौथा नहीं है जो पृथक् माना जाय इसका उत्तर यह है कि, क्रम रहित एक ही बार रोकने को तीसरा प्राणायाम कहा है और बाह्याभ्यन्तर विषयाक्षेपी वह है कि, क्रम से प्रणव वा मात्रा की संख्या सहित बाह्यदेश में वायु को निकाले व इसी तरह से क्रम से आभ्यन्तर (भीतर) देश में वायु को भरे इस प्रकार से क्रम से प्रथम रेचक व पूरक करके वायु को बाहर व भीतर जितना रोक सके रोकें फिर अभ्यास से रोकने में समर्थ होकर बाहर व भीतर जाने व आने की गति को रोककर जब तक स्तंभन कर सकें स्तंभन करे इस विशेषता से तीसरे भिन्न हैं

अर्थात् इसमें देश काल व संख्याओं के क्रम का आलोचन है। तीसरे में क्रम का आलोचन (ख्याल) नहीं है एक ही बार रोक देने का विधान है। चारों प्राणायामों का संक्षिप्त व स्पष्ट वर्णन इस तरह समझना चाहिये कि, जब भीतर से बाहर को प्रश्वास निकले तब उसको बाहर ही रोक देवे यह प्रथम प्राणायाम हैं। बाहर से भीतर की श्वास आवे तब उसको जितना रोक सके उतना भीतर ही रोक देवे यह दूसरा है। तीसरा स्तंभवृत्ति वह है कि, न वायु को बाहर निकाले न बाहर से भीतर को ले जाय। जितनी देर तक रोक सके ज्यों का त्यों रोक दे। चौथा वह है कि, थोड़ा थोड़ा क्रम से वायु को बाहर निकालकर रोके। इसी प्रकार से क्रम से भीतर को ले जाकर रोके फिर बाहर व भीतर की गति को क्रम व यत्न से रोक करके स्तभ़न करे। ये चार प्रकार के प्राणायाम हैं।।51।।

अब प्राणायाम का फल वर्णन करते हैं :

ततः क्षीयते प्रकाशावरणम्।।52।।

अर्थ– उससे प्रकाश (ज्ञान) का आवरण क्षीण होता है।।52।।

हिन्दी टीका–उससे अर्थात् प्राणायाम के अभ्यास से प्रकाश जो विवेकज ज्ञान है उसका आवरण अर्थात् छिपाने वाला मोह वा अज्ञान जो मायाजाल रूप अधर्म कम्र व संसारबंधन का हेतु है वह क्षीण होता है। प्राणायाम परम तप है कि, जिससे पाप मल दूर होता है व ज्ञानदीप्ति का प्रकाश आत्मसाक्षात्कार से परमानन्द होता है।।52।।

धारणासु च योग्यता मनसः।।53।।

अर्थ– धारणा में मन की योग्यता (स्थिरता) होती है।।53।।

हिन्दी टीका–मन स्थिर का कारण प्राणायाम है तिससे निश्चल धारणा होती है और फिर बुद्धि कही नहीं भ्रमती है।।53।।

स्वविषयासंप्रयोगे[1] चित्तस्य स्वरूपानुकार इवेन्द्रियाणां प्रत्याहारः।।54।।

अर्थ– **विषयों से चित्त के अपने निवृत्त होने में चित्त स्वरूप के अनुकार के समान इन्द्रियों का होना प्रत्याहार है।।54।।**

1. असंप्रयोगचित्तस्य इत्यपिपाठांतरम्।

हिन्दी टीका–अपने विषयों से चित्त के निवृत्त होने में अर्थात् राग, द्वेष, मोह होने योग्य शब्द आदि विषयों में जो साधारण चित्त प्रवृत्त रहता है साधन विशेष से इन शब्द आदि विषयों से उसके निवृत्त होने व एक ध्येय पदार्थ में स्थिर होने में उसी चित्त स्वरूप के अनुसार (समान आकार) अर्थात् तसवीर या छाया के समान इन्द्रियों का भी विषयों से निवृत्त होकर एकाग्र होना प्रत्याहार है। अभिप्राय यह है कि, जैसे मक्षिका मधुकरराज के चलने में चलती व स्थिर होने में स्थिर होती है, इसी प्रकार से इन्द्रियों का सर्वथा चित्त के अधीन हो जाना, चित्त के रोकने से उनका रुक जाना और उनके रोकने के लिये अन्य उपाय की आवश्यकता न होना प्रत्याहार है।।54।।

अब प्रत्याहार का फल वर्णन करते हैं :

ततः परमा वश्यतेन्द्रियाणाम्।।55।।

इति श्रीपातञ्जले योगशास्त्रे साधनानरूपणोनाम द्वितीयः पादः।।2।।

अर्थ– उससे इन्द्रियों की परम वश्यता (अत्यन्त वश होना) होती है।।55।।

हिन्दी टीका–उससे अर्थात् प्रत्याहार से यह फल होता है कि, इन्द्रियों की अत्यन्त अधीनता हो जाती है। इन्द्रियों के अधीन हो जाने से योगी जितन्द्रिय होकर जहाँ अपने चित्त को ठहराना चाहे वहां ठहरा सकता है व जिससे निवृत्त किया चाहे उससे निवृत्त कर सकता है। अब संदेह यह है कि, अपरम वश्यता (जो परम वश्यता न हो) क्या है कि जिसकी अपेक्षा परम वश्यता कहा है। क्योंकि बिना अपरम के परम, बिना न्यून के अधिक और बिना छोटे को बड़ा इत्यादि का व्यवहार नहीं हो सकता? उत्तर यह है कि, शब्द आदि विषयों का धर्म विरुद्ध सेवन न करना अर्थात् रूप में मोहित होने व असत्य निरर्थक वार्ता सुनने से तुच्छ विषयों में अनुचित स्पर्शभोग की इच्छा होने में विचार करके मन व इन्द्रियों को वश्य रखना; अधर्माचरण न करना, अपरम (न्यून) वश्यता है। इसकी अपेक्षा प्रत्याहार का फलरूप सर्वथा इन्द्रियों का चित्त के अधीन होना परम वश्यता कहना युक्त है।।55।।

इति श्रीपातजले योगशास्त्रे भाषाभाष्ये श्रीमद्धार्मिक प्यारेलालातयजबाँदा-
मण्डलान्तर्गततेरहीत्याख्यग्रामवासि श्रीप्रभुदयाल
निर्मिते साधननिदर्शन नाम द्वितीय: पाद:।।2।।

अथ विभूतिपादः॥3॥

अब तृतीयपाद में विभूति का वर्णन करते हैं :

देशबन्धश्चित्तस्य धारणा॥1॥

अर्थ– चित्त को किसी देश में बांधना धारणा है॥1॥

हिन्दी टीका–नाभिचक्र में या हृदयकमल में या मस्तक में या नासिका के या जिह्वा के अग्रभाग में चित्त को चंचलता से रोककर बांधना अर्थात् स्थिर करना धारणा है अर्थात् शरीर के किसी अवयव या बाह्य विषय में चित्त की वृत्ति से ऐसा बांधना कि जिससे एकाग्र होकर उस देशमात्र में रहे इधर उधर अन्यत्र न जाय इसको 'धारणा' कहते हैं॥1॥

तत्र प्रत्ययैकतानता ध्यानम्॥2॥

अर्थ– उसमें (धारणा में) प्रत्यय (बुद्धि वा चित्त) की एकाग्रता अर्थात् ध्येय पदार्थ ही मात्र में चित्त का मग्न रहना अन्य विषय में न जाना ध्यान है॥2॥

हिन्दी टीका–धारणा पश्चात् ध्यान होता है। इससे यह कहा है कि, उसमें अर्थात् धारणा में जिस देशविशेष में चित्त लगाया गया है उसी ध्येय में (जिसका ध्यान करता है उसमें) प्रत्यय (बुद्धि) का एकाग्र हो जाना ध्येय से भिन्न अन्य विषय में न जाना ध्यान है॥2॥

अब सब अंगों का फलरूप जो समाधि है उसका वर्णन किया जाता है :

तदेवार्थमात्रनिर्भासं स्वरूपशून्यमिव समाधिः॥3॥

अर्थ– स्वरूप शून्य होने के समान उसी का अर्थात् ध्यान ही का अर्थ मात्र (ध्येयाकार) भासित होना समाधि है॥3॥

हिन्दी टीका–ध्यान ही जब अर्थमात्र रूप से अर्थात् ध्येय के आकार से भासित होता है, ध्यान करने से ऐसा प्रत्यक्ष होता है यह भेदबुद्धि नहीं रहती ध्यान का स्वरूप शून्य के समान विदित होता है तब 'समाधि'

कहा जाता है, अर्थात् जब ध्येय (इष्ट स्वरूप) के प्रेम व ध्यान में अति मग्न होने से ध्यान करने का अथवा ध्येय से ध्याता को अपने भिन्न होने का ज्ञान न रहे अर्थात् यह ज्ञान न हो कि, मैं किसी का, ध्यान करता हूं इससे ध्यान में ऐसा देखता हूं यही बोध हो कि यही साक्षात् स्वरूप है ऐसा विदित होना 'समाधि' है। ध्यान और समाधि में इतना ही भेद है कि, ध्यान में ध्यान करने वाले को अपना व जिसका ध्यान करता है उसका और ध्यान करने का तीनों का ज्ञान रहता है। समाधि तीनों के भेद का अभाव हो जाता है केवल ध्येय ही मात्र भासित होता है॥3॥

त्रयमेकत्र संयमः॥4॥

अर्थ– एक में तीनों का होना संयम है॥4॥

हिन्दी टीका–एक ही विषय में धारणा, ध्यान व समाधि इन तीनों के होने को 'संयम कहते हैं। गौरव त्याग के लिये व एक ही नाम से तीनों का बोध होने के लिये तीनों का एक नाम 'संयम' यह योगशास्त्र में माना है। क्योंकि इन तीनों के सिद्ध होने से अनेक प्रकार की सिद्धियों का आगे वर्णन है प्रत्येक में बारबार तीन नामें के लिखने में शब्दों के अधिक लिखने की आवश्यकता होने से गौरव की प्राप्ति होती और उससे कुछ फल नहीं होता है॥4॥

तज्जयात्प्रज्ञालोकः॥5॥

अर्थ– उसके जय से समाधि प्रज्ञा का प्रकाश होता है॥5॥

हिन्दी टीका–उसके जय से अर्थात् संयम के जीतने से समाधिप्रज्ञा (समाधि की बुद्धि वा समाधिज्ञान) का निर्मल प्रकाश होता है, जैसे-जैसे संयम स्थिर अर्थात् दृढ़ होता जाता है उसी क्रम से समाधि प्रज्ञा निर्मल प्रकाशित होती जाती है॥5॥

तस्य भूमिषु विनियोगः॥6॥

अर्थ– उसका (संयम) का भूमियों में विनियोग (सम्बन्ध) है॥6॥

हिन्दी टीका–संयम का भूमियों में विनियोग है स्थूल व सूक्ष्म पदार्थों में क्रम से संप्रज्ञातयोग की जो चार अवस्था सवितर्का, निर्वितर्का, सविचारा, और निर्विचारा नाम से कही गई हैं वे ही भूमि हैं क्रम से प्रथम

स्थूल भूमियों को संयम से जीतकर फिर उनके अनन्तर सूक्ष्म भूमियों के जीतने की इच्छा करे और प्रयत्न से जीते प्रथम बिना स्थूल के साक्षात् किये सूक्ष्म के साक्षात् करने को समर्थ नहीं हो सकता यह अभिप्राय है॥6॥

त्रयमन्तरङ्गं पूर्वेभ्यः॥7॥

अर्थ– पूर्ववालों से यह तीन अन्तरंग हैं॥7॥

हिन्दी टीका–पूर्व पाद में वर्णन किये गये जो यम आदि पांच हैं उनकी अपेक्षा धारणा, ध्यान व समाधि ये तीन सम्प्रज्ञात समाधि के अन्तरंग हैं और यम आदि पांच बहिरंग हैं। बहिरंग कहने से अभिप्राय यह है कि, बारह के अथवा दूर के अंग हैं व यह तीनों समान विषय (एक ही विषय वाले) होने से अन्तर के वा विशेष निकट के अंग हैं इससे अंतरंग हैं॥7॥

तदपि बहिरङ्गं निर्बीजस्य॥8॥

अर्थ– वहभा विर्बीज के अर्थात् असम्प्रज्ञातसमाधि के बहिरङ्ग है॥8॥

हिन्दी टीका–सबीज जो सम्प्रज्ञात समाधि है उसके यम आदि पांच बहिरंग हैं और धारणा आदि तीन अन्तरङ्ग हैं यह पूर्वसूत्र में कहा है यह तीन जो सम्प्रज्ञात के अन्तरंग हैं यह भी निर्बीज समाधि के अर्थात् असम्प्रज्ञात समाधि के बहिरंग हैं। क्योंकि सब वृत्तियों के निरोध व परवैराग्यरूप असम्प्रज्ञात में बिना समय समाधि रहती है। धारणा आदि की अपेक्षा नहीं होती इससे असम्प्रज्ञांत में धारणादि भी बहिरंग हैं॥8॥

व्युत्थाननिरोधसंस्कारयोरभिभवप्रादुर्भावौ निरोधक्षणचित्तान्वयो निरोधपरिणामः॥9॥

अर्थ– व्युत्थान व निरोध संस्कारों का क्षय व उदय होता है निरोध क्षण में जो चित्त का अन्वय (योग) है वह निरोध का परिणाम है॥9॥

हिन्दी टीका–चित्त की वृत्तियां जब विषयों में प्रवृत्त व चंचल रहती हैं तब वह व्युत्थान अवस्थान कहलाता है। असम्प्रज्ञात की अपेक्षा सम्प्रज्ञात

समाधि भी (उसमें चित्तवृत्तियों का सर्वथा लय नहीं होता इससे) व्युत्थान है उसका जब परवराग्य होने से निरोध होता है वह निरोध असंप्रज्ञात है। निरोधसमाधि में (असम्प्रज्ञात समाधि में) व्युत्थान संस्कार का क्षय (नाश) व निरोध संस्कार का उदय होता है उस निरोध क्षण में जो चित्त का सब वृत्तियों के रुक जाने के साथ अन्वय (योग) है वह निरोध परिणाम है। अब यह संदेह हो सकता है कि, व्युत्थान संस्कार के क्षय होने ही से निरोध संस्कार का उदय हो जायेगा। निरोध संस्कार के पृथक् कहने की आवश्यकता नहीं है। इसका उत्तर यह है कि, यह संदेह भ्रमरूप है। व्युत्थान व निरोध पृथक् पदार्थ हैं; क्योंकि विषय व उसके भोग की वृत्ति निवृत्त हो जाने पर भी बहुत काल पीछे उसका स्मरण व उसके भोग की इच्छा होती है; इससे निरोध संस्कार का उदय रहना जिससे प्रवृत्ति रूप व्युत्थान का रोक बना रहे, आवश्यक व पृथक् पदार्थ व उपासनीय है।।9।।

तस्य प्रशानतवाहिता संस्कारात्।।10।।

अर्थ– उसकी प्रशांतवाहिता अवस्था अर्थात् सदा शांत बने रहने की अवस्था संस्कार से होती है।।10।।

हिन्दी टीका–उसकी अर्थात् चित्त की शांत रहने की अवस्था निरोध संस्कार से होती है निरोध संस्कार के प्रबल व दृढ़ होने से व व्युत्थान संस्कार के सर्वथा क्षय होने से निरोध संस्कार के सदा स्थिर रहने से चित्त परम शांत दशा में रहता है।।10।।

सर्वार्थतैकाग्रतयाः क्षयोदयौ चित्तस्य
समाधिपरिणामः।।11।।

अर्थ– सर्वार्थता व एकाग्रता का क्षय व उदय होना चित्त का समाधि परिणाम है।।11।।

हिन्दी टीका–असम्प्रज्ञात समाधि में चित्त के परिणाम अवस्था को वर्णन करने के अनन्तर सम्प्रज्ञात समाधि में चित्त की परिणाम अवस्था को इस सूत्र में वर्णन किया है कि, चित्त की सर्वार्थता का अर्थात् चित्त का जो नाना प्रकार के सब अर्थों में गमन है उसका क्षय होना व एकाग्रता का

उदय होना अर्थात् केवल ध्येय विषय में चित्त का स्थिर होना चित्त का समाधि (सम्प्रज्ञात समाधि) परिणाम है॥11॥

ततः[1] पुनः शान्तोदितौ तुल्यप्रत्ययौ चित्तस्यैकाग्रतापरिणामः॥12॥

अर्थ– उससे (समाधि से) फिर शांत व उचित प्रत्ययों का एक समान होना चित्त की एकाग्रता का परिणाम है॥12॥

हिन्दी टीका–शांत प्रत्यय (बुद्धि वृत्ति वा ज्ञान) अर्थात् जो प्रत्यय हो गया और उदित जो हो गये के पश्चात् उसी के समान अन्य उदय हुआ इन दोनों प्रत्ययों का चित्त में समाधि के अंत होने वा भ्रष्ट होने तक बिना क्रम बोध होने के एक ही समान विदित होना वा रहना चित्त की एकाग्रता का परिणाम है अर्थात् चित्त के एकाग्र होने का फल है॥12॥

एतेन भूतेन्द्रियेषु धर्मलक्षणावस्था परिणामा व्याख्याताः॥13॥

अर्थ– इसी के समान भूत व इन्द्रियों में धर्मलक्षण व अवस्था परिणामों को व्याख्यात (व्याख्यान किये गये) समझना चाहिये॥13॥

हिन्दी टीका–वर्तमान और अतीत काल के संबंध से घट आदि के नये पुराने होने के ज्ञान का नाम अवस्थापरिणाम है इसी प्रकार निरोध लक्षण में निरोध संस्कार बलवान् और व्युत्थान संस्कार पुराने तथा दुर्बल जानने चाहिये यह बलवान् निर्बल होना अवस्था परिणाम है धर्मी का धर्म से धर्मों के लक्षण से लक्षण का अवस्था से परिणाम होता है इस प्रकार से तीन परिणाम जानने चाहिये। तीनों काल में धर्मी एकरस रहता है और धर्म बारबार बदला करता है जिसे चित्त परिणाम वर्णन किया गया है। इसी प्रकार से भूत जो पृथिवी, जल, तेज, वायु व आकाश हैं और इन्द्रियों में धर्म लक्षण व अवस्था परिणामों का होना जानना चाहिये। धर्मी में जो पदार्थ आश्रित रहता है अथवा जिसके होने की धर्मी (द्रव्य) में शक्ति या योग्यता है उसको धर्म कहते हैं ओर धर्म के बदलने को अर्थात्

1. ततः पुनरिति राजमार्तण्डभोजवृत्तिमूलादौ नास्ति।

स्थित द्रव्य के पूर्व धर्म के निवृत्त होने पर अन्य धर्म उत्पन्न होने को परिणाम कहते हैं जैसे मिट्टी के पिण्डरूप धर्म के नाश होने पर घट रूप धर्म उत्पन्न होता है इसी प्रकार से चित्त के व्युत्थान धर्म नाश होने पर निरोध प्रकट होता है; यह धर्मपरिणाम है और यह कार्यरूप है। काल भेद होने को लक्षण परिणाम कहते हैं लक्षण परिणाम में अनागत अध्वा, वर्तमान अध्वा और अतीत अध्वा ये तीन भेद होते हैं अध्वा शब्द का अर्थ यहाँ कालका है। अनागत अध्वा से भविष्यत्काल व वर्तमान से वर्तमान और अतीत से भूतकाल जानना चाहिये। धर्म का प्रथम न प्राप्त होना अनागत अध्वा है, धर्म का वर्तमान होना वर्तमान अध्वा है और वर्तमान होकर निवृत्त होना अतीत अध्वा है; यह लक्षण परिणाम है। अनागत लक्षण वर्तमान व अतीत धर्मों से भिन्न होना विदित होता है तथा वर्तमान अनागत व अतीत से और अतीत अनागत व वर्तमान से इसी प्रकार से व्युत्थान में निरोध का अनागत अध्वा है, निरोध के वर्तमान में व्युत्थान का अतीत अध्वा और व्युत्थान तथा निरोध के वर्तमान में वर्तमान अध्वाका होना लक्षण परिणाम है। वर्तमान और अतीत काल के संबंध से व रूप भेद से घट आदि के नये पुराने होने का ज्ञान अवस्था परिणाम है अथवा निरोध लक्षण में निरोध संस्कार बलवान् व व्युत्थान संस्कार दुर्बल होते हैं। यह बलवान् व निर्बल होना अवस्था परिणाम है, धर्मी का धार्मों से (धर्मद्वारा) धर्मों का लक्षण से लक्षण का अवस्था से परिणाम होता है। इस प्रकार से धर्म धर्मी भेद से धमलक्षण अवस्थारूप तीन तरह का परिणाम होता है। तीनों काल में धर्मी स्वरूपमात्र एक ही रहता है। धर्मी में जो वर्तमान धर्म है उसी का अतीत व अनागत में अन्यथा भाव होता है। धर्मी (द्रव्य) का नहीं होता। जैसे सुवर्ण का कोई आभूषण तोड़कर अन्य प्रकार का आभूषण बनाने से दूसरे तरह का आकार भूषण होता है व दूसरा नाम कहा जाता है; परंतु सुवण द्रव्य का अन्यंभाव नहीं होता। कोई यह शंका करते हैं कि, यह कहना कि धर्मी में अन्यथा भाव नहीं होता, धर्म में होता है, यह यथार्थ नहीं है, क्योंकि धर्मों से भिन्न धर्मी वा द्रव्य कुछ नहीं है आकार रूप आदि धर्म व अवस्था भेद धर्मी वा द्रव्य कुछ नहीं है आकार रूप आदि धर्म व अवस्था भेद से जो पदार्थ होता है वही कोई नाम विशेष से कहा जाता

है, धर्मी नाम से नहीं कहा जाता, यथा सुवर्ण में जो जो रूप आकार आदि प्रत्यक्ष से विदित होते हैं सब धर्म हैं। इन धर्मों के परिणाम जो अन्य आभूषण वा भाजन बनता है वह नाम विशेष से कहा जाता है; सुवर्ण नाम से नहीं कहा जाता, और रूप आकार आदि धर्मों भिन्न धर्मी का रहना सिद्ध नहीं होता इससे पूर्वापर अवस्था धर्मभेद से धर्मों के स्वरूप में भेद हो जाने से अनेक पदार्थ होते हैं, धर्मों के समूह व अवस्था विशेष से पृथक् (भिन्न) धर्मी कुछ नहीं मानना चाहिये इसका उत्तर यह है कि, यह शंका युक्त नहीं है; क्योंकि ऐसा मानना इस हेतु से ऐकान्तिक अर्थात् दोषरहित सर्वथा यथार्थ नहीं हो सकता कि जो कि जो बिना धर्मी के धर्ममात्र ही माना जावे तो धर्मों के परिणाम होने से व्यक्तिरूप कार्य विशेष होते हैं और कार्यरूप व परिणामी (बदलने वाले) धर्म सब अनित्य विदित होते हैं इससे तीनों लोकों का नाश व असतृ होना मानना होगा; जो यह कहा जाय कि, असत् व अनित्य ही मानेंगे क्या दोष है? तो अनित्यता मानने में भी ऐकान्तिक न होने का दोष है अर्थात् सर्वथा विनाश व अभाव को भी नहीं मान सकते; क्योंकि जो असत् है उससे कोई कार्य वा पदार्थ अथवा क्रिया का होना संभव नहीं है। बिना सत्कारण के कुछ कार्य नहीं हो सकता। जगत् में ऐसे पदार्थ जो प्रत्यक्ष के विषय हैं व क्रिया का होना विदित होता है इससे इन कार्य पदार्थों का कारण द्रव्य वा धर्मी जो धर्मों के परिणाम होने (बदलने) पर भी धर्मों का आश्रय बना रहता है। सत् वा मानने योग्य हैं प्रश्न-जो धर्मी का नाश नहीं होता तो घट को चूर्ण कर डालने व पीस डालने व उसके अणु वायु में उड़ जाने तथा अग्नि में जल जाने पर धर्मी कुछ नहीं रहता और जा रहता है तो उसका प्रत्यक्ष होना चाहिए सो नहीं होता। उत्तर-नाश होने पर भी धर्मी रहता है सूक्ष्म होने के कारण से चाहे साक्षात् नहीं पड़ता परंतु धर्मी का नाश नहीं होता यह अनुमान से सिद्ध होता है केवल धर्मों का परिणाम होता है वर्तमान धर्मों का अतीत (नष्ट) हो जाना जैसे ऊपर सुवर्ण भाजन व कुण्डल आदि आभूषण बनने में कहा गया है लक्षण परिणाम है। वर्तमान धर्मों के न रहने पर भी धर्मी अन्य धर्मों सहित बना रहता है। प्रश्न-जब धर्म अतीत लक्षण सहित होता है तब वर्तमान अनागत संयुक्त नहीं होता जब अनागत संयुक्त होता है तब अतीत व वर्त्तमान संयुक्त नहीं होता; जब वर्तमान संयुक्त होता है तब अतीत

अनागत संयुक्त नहीं होता। धर्म में तीनों लक्षणों का योग होने से तीनों को एक संग भी होना चाहिये और जो नहीं होते तो तीनों का मानना यथार्थ नहीं है। उत्तर-धर्म में तीन काल सम्बधी तीन लक्षण का होना यथार्थ है। वर्तमान ही से अतीत अनागत काल का होना धर्म में सिद्ध होता है; क्योंकि असत् की उत्पत्ति व सत्का नाश नहीं होता। धर्मी में धर्म के सत् होने पर लक्षण भेद भी कहने योग्य हैं। वर्त्तमान समय में अतीत व अनागत का होना आवश्यक नहीं हैं जैसे राग, क्रोध यह चित्त के धर्म हैं परन्तु रागकाल में क्रोध व क्रोधकाल में राग विद्यमान नहीं होता इसी तरह तीनों लक्षणों का एक काल में होना संभव नहीं है। वे क्रम से होते हैं। यह धर्म के तीन अध्वा (त्रिकाल सम्बन्ध) हैं, धर्मी के नहीं हैं। धर्म तीन अध्वाओं से लक्षित व अलक्षित अवस्था में प्राप्त होकर द्रव्यभेदरहित अवस्था भेद मात्र से अन्य अन्य भाव से देख पड़ते हैं जैसे एक ही स्त्री माता, कन्या, भगिनी व पत्नी भाव से स्थान व अवस्था भेद से कही जाती है। जो यह संशय हो कि धर्मी को नित्य मानना और उसके नाश होने में अनवस्था परिणाम मानना युक्त नहीं है। उत्तर-धर्मी के नित्य होने पर भी धर्मों के प्रकट व अप्रकट होने की विचित्रता से धर्मी का उत्पन्न होना व नाश होना कहा जाता व माना जाता है।।13।।

शान्तोदितोऽव्यपदेश्यधर्मानुपाती धर्मी।।14।।

अर्थ– जो शांत[1] उदित और अव्यपदेश्य धर्मो में अर्थात् भूत वर्तमान और भविष्यंत् धर्मो में अन्वयी है अर्थात् सामान्य

1. शांत शब्द का अर्थ व्यापार से निवृत्त हो जाने का है जो हो जाता है वही भूत कहा जाता है। इससे शांत शब्द का अर्थ भूत व उदित शब्द का अर्थ उदय को प्राप्त है। इसके अर्थ से वर्तमान काल होने का बोध होता है। इससे उदित शब्द का अर्थ वर्तमान् साधारण से विदित होता है। परन्तु अव्यपदेश्य शब्द जो भविष्यत् अर्थवाचक सूत्र में कहा है उसके अर्थ के साथ भविष्यत् काल का सम्बन्ध ज्ञात न होने से सन्देह होता है; क्योंकि अव्यपदेश्य उसको कहते हैं जो कहने योग्य न हो इसका समाधान यह है कि, पृथिवा आदि धर्मियों में विशेष रूप आकार आदि उनके धर्म जो वर्तमान में प्रकट नहीं हैं परन्तु उनसे प्रकट होने के योग्य हैं वह भी शक्ति रूप से उनमें स्थित हैं; क्योंकि जो न हों तो वायु से घट न बन सकने के समान कभी उनसे वह प्रकट हो सके परन्तु जब तक नहीं होते तब तक कहने योग्य नहीं होते इससे होने वाले (भविष्यत्) धर्मों को अव्यपदेश्य नाम से कहा है।

विशेषरूप से रहने वाला सब धर्मों का सम्बन्धी है वह धर्मी है॥14॥

हिन्दी टीका–जो भूत, वर्तमान और भविष्यत् धर्मों में सामान्य व विशेष रूप से अन्वयी है अर्थात् जिसका सम्बन्ध किसी कालवाले धर्मों से भिन्न नहीं होता ऐसा धर्मों का सम्बन्धी है, वह धर्मी है प्रश्न-जो धर्मी न माना जावे तो क्या हानि है? उत्तर-जो धर्मी का न माने अन्वय (धर्मी का सम्बन्ध) रहित धर्ममात्र ही माना जावे तो भोग का अभाव होना चाहिये; क्योंकि धर्मों के परिणाम होने पर और के ज्ञान से किये हुए कर्मों के फल भोग करने का और दूसरा अधिकारी नहीं हो सकता तथा स्मृति का अभाव हो जाना चाहिये अर्थात् जो धर्म अतीत (व्यतीत) हो गये उनके समय में जो जाना गया उसका ज्ञान अब वर्तमान धर्मों में न होना चाहिये; क्योंकि और के देखे या जाने हुए का स्मरण और के नहीं होता, पूर्व देखे या जाने हुए वस्तु के स्मरण से यह विदित होता है कि धर्मों के अन्यथा हो जाने पर भी जो स्मरण करता है वह अन्वयी धर्मी है। अन्वयरहित धर्म ही मात्र नहीं है यह धर्मधर्मी भेद चेतन में तथा जड़पदार्थ में दोनों में विचारने व निश्चय करने योग्य है॥14॥

क्रमान्यत्वं परिणामान्यत्वे हेतुः॥15॥

अर्थ– क्रम का अन्य होना परिणाम के अन्य होने में हेतु (कारण) है॥15॥

हिन्दी टीका–यह संशय निवारण के लिए कि, एक धर्मी में एक ही परिणाम होना चाहिये बहुत परिणाम के होने में क्या कारण है? सूत्र में यह वर्णन किया है कि क्रम का अन्य होना परिणाम के अन्य होने का हेतु है अर्थात् क्रम का और और होते जाना परिणाम के और और होने अर्थात् बहुत परिणामों के होने का कारण है जैसे मिट्टी का पिण्ड, मिट्टी के कपाल, मिट्टी के कण आदि एक ही मिट्टी के क्रम भेद होने पर पिण्ड घट आदि बहुत परिणाम हो जाते हैं। पूर्व से अपर अवस्था में होने को समनन्तर कहते हैं। जो जिसके धर्म का समनन्तर है वह उसका क्रम कहा जाता है। यथा-पिण्ड के घटका होना यह धर्म परिणाम का क्रम है। घट के अनागत भाव से (भविष्यत् भाव से) वर्तमान भाव क्रम है और

पिण्ड के वर्तमान भाव से अतीत भाव क्रम है यह लक्षणपरिणाम के क्रम है, अतीत भूत का क्रम नहीं होता, क्योंकि उसमें पूर्व भाव नहीं है उससे पूर्व होने का अभाव है घट का नये से पुराना होना अवस्था परिणाम का क्रम है, यह धर्म लक्षण, विशिष्ट तीसरा परिणाम है। चित्त के परिणाम दो प्रकार के हैं, एक परिदृष्ट अर्थात् प्रत्यक्ष जैसे काम सुख आदि, दूसरे अपरिदृष्ट अर्थात् या परोक्ष जो आगम प्रमाण व अनुमान से जाने जाते हैं अपरिदृष्ट परिणाम सात तरह का होता है; एक निरोध अर्थात् असम्प्रज्ञात समाधि अवस्था जिसमें सब वृत्तियों का निरोध होता है। दूसरा कर्म (पुण्य व पाप) जिसका सुख दुःख भोग होने से अनुमान द्वारा और शास्त्र से प्रमाण होता है। तीसरा संस्कार जिसका स्मृति से अनुमान होता है। चौथा परिणाम जो चित्त के चंचल व त्रिगुणरूप होने से प्रति क्षण में अनुमान किया जाता है। पांचवें जीवन जो श्वास व प्रश्वास प्राणधारण से अनुमान किया जाता है। छठवां चेष्ठा क्रिया सातवां शक्ति जो कार्यों की सूक्ष्म अवस्था रूप चित्त का धर्म है व स्थूल कार्यों से उसके कारणरूप होने का अनुमान होता है।।15।।

अब संयम के फल को वर्णन करते हैं–

परिणामत्रयसंयमादतीतानागतज्ञानम्।।16।।

अर्थ– तीन परिणाम के संयम से अतीत व अनागत (भूत व भविष्यत्) का ज्ञान होता है।।16।।

हिन्दी टीका–धारणा, ध्यान व समाधि इन तीनों के होने को 'संयम' कहते हैं। संयम के साधन से धर्म लक्षण व अवस्था तीन परिणामों को साक्षात् हो जाने से रजोगुण व तमोगुण रूप मल दूर होकर व सत्त्वगुण का प्रकाश उदय हो जाता है ओर उससे भूत व भविष्यत् का ज्ञान होता है।।16।।

शब्दार्थप्रत्यानामितरेतराध्यासात्सङ्करस्तत्प्रविभाग-संयमात्सर्वभूतरुतज्ञानम्।।17।।

अर्थ– शब्द अर्थ व प्रत्ययों (बोध) के परस्पर का अध्यास रूप (स्मरण स्वभाववाला) संकेत से जो परस्पर का अतियोग

(मेल) है उसके अतिविभाग (भेद) के संयम से सब प्राणियों के शब्द का ज्ञान होता है॥17॥

हिन्दी टीका–शब्द, अर्थ व ज्ञान के परस्पर का स्मरण स्वभाव या हेतुरूप एक संकेत विशेष शब्द व अर्थों के साथ हैं जिससे कि शब्दविशेष के सुनने से उसके अर्थविशेष का स्मरण व ज्ञान होता है और इन तीनों में ऐसा मेल वा योग है कि इनका परस्पर पृथक् होना विदित नहीं होता यथा गौ शब्द गौ अर्थ और 'यह गौ है' इस ज्ञान के होने में तीन के पृथक् होने का बोध नहीं होता है ऐसे इन तीनों के योग के विभाव को इस प्रकार से योगी संयम करे कि शब्द का अर्थ के साथ केवल माने हुए संकेत का कि इन अर्थविशेष (पदार्थ) का यह नाम है, सम्बन्ध है और कुछ योग नहीं है, क्योंकि शबद आकाश का गुण (धर्म) है। व श्रोत्र इन्द्रिय का विषय है; व मुखद्वारा उर, कण्ठ, जिह्वा, मूल, दन्त, नाक, ओंठ और तालु इन आठ स्थानों से ध्वनि परिणाम से बने हुए अक्षरों का उच्चार होता है और कई अक्षरों से मिला हुआ एक पद का नाम होता है। उस पद के उच्चारण करने में पूर्व पूर्व के अक्षर उत्तरवाले अक्षर के उच्चारण करते नाश होते जाते हैं। ऐसे अक्षरों से अर्थ के साथ योग नहीं हो सकता, न अर्थ के वाचक हैं तथा अक्षरों के मेल से बना हुआ पद भी अंतवर्ण (अक्षर) के उच्चार समाप्त होते ही नष्ट हो जाने से अर्थवाचन नहीं है न उसका आप से कुछ योग होना अंगीकार हो सकता है। इससे शब्द अर्थ से भिन्न है। गौ शब्द सुनने से जो गौ अर्थ का ज्ञान होता है वह शब्द व अर्थ दोनों से भिन्न है, क्योंकि, जो गौ शब्द व गौ शब्दवाच्य अर्थ का संकेत नहीं जानता, उसको गौ से गौ का ज्ञान नहीं होता। इससे शब्द से भिन्न है और जो जानता है कि यह गौ है उसके नाश होने पर भी उसके स्वरूप को स्मरण से जानता है, इससे अर्थ से भिन्न है। इस प्रकार से विभाग तथा शब्द अर्थ व ज्ञान के लक्षण व कर्ता क्रिया कारक नाम आख्यातों के विभाग में संयम करने से संयमी योगी पशु पक्षी आदि सब प्राणियों के शब्द को जानता है कि यह इस अर्थ को कहते हैं कर्ता क्रिया कारक नाम आख्यात के भेद वर्णन करने से कुछ लाभ न समझकर संक्षेप से ही वर्णन किया है; क्योंकि यह व्याकरण का विषय है और व्याकरण जानने वालों के समझने योग्य व उन्हीं को

उपयोगी हो सकता है भाषा जानने वालों को उससे कुछ फल नहीं होता।।17।।

संस्कारसाक्षात्करणात्पूर्वजातिज्ञानम्।।18।।

अर्थ– संस्कारों के साक्षात् करने से पूर्वजन्म का ज्ञान होता है।।18।।

हिन्दी टीका–दो प्रकार के संस्कार एक वासना रूप ज्ञान से उत्पन्न स्मृति के हेतु तथा अविद्या संस्कार अविद्या आदि पूर्वोक्त (पहले कहे हुए) क्लेशों के हेतु दूसरे धर्म, अधर्मरूप, जन्म, आयु और भोग के हेतु पूर्व जन्मों में हुए निरोध शक्ति व जीवन धर्मवाले चित्त के धर्म हैं। यह संस्कार जो अप्रत्यक्ष हे वे प्रमाण और अनुमान से जाने जाते है इनमें संयम करने से संस्कार साक्षात् करने को योगी समर्थ होता है और विना देश काल निमित्त रूपों के अनुभव इनका साक्षात्कार नहीं होता। इससे देश काल अनुभव सहित संयम से संस्कारों के साक्षात् करने से पूर्व जन्म का ज्ञान होता है। इसी प्रकार से पर के संस्कार साक्षात् करने से संयमी (योगी) को पर के पूर्वजन्म का ज्ञान होता है। यहां संस्कार साक्षात् करने में जैगीषव्य ऋषि का आख्यान (इतिहास) जानने को योग्य है। उसको यहां वर्णन करते हैं। महात्मा जैगीषव्य ऋषि को संस्कार साक्षात् करने से दशकल्प में जो देवता मनुष्य तिर्यक् योनियों में उनके जन्म हुए थे उन सबका ज्ञान विवेकज ज्ञान से उदय हुआ। उनसे आटव्य ऋषि ने पूछा कि, हे भगवन्! नाना प्रकार के जन्म जो देव मनुष्य तिर्यक् योनियों में आप दशकल्प में धारण किया और गर्भ से उत्पन्न होने का दुःख भोग करते देव आदि योनियों में सुख व दुःख भोग किया है इनमें से सुख या दुःख क्या अधिक प्राप्त हुआ और सुख किस योनि में है? जैगीषव्य ने कहा कि, जितनी योनियेां में मैं बारंबार उत्पन्न हुआ उनमें नरक निर्यक् योनि में तो दुःख अधिक ही है, परन्तु ऐसा किसी योनि देवता आदि में नहीं हुआ जिसमें दुःख न प्राप्त हुआ हो, सब योनियों में दुःख हैं। 'आटव्य ने कहा कि, प्रकृतिवश करने से जो सिद्धियों प्राप्त होती हैं जिससे संकल्प वा इच्छामात्र ही से दिव्य भाग प्राप्त होते हैं वह भी दुःख है?' जैगीषव्य ने कहा कि 'लौकिक सुख की अपेक्षा प्रकृति वश करने से सिद्धियों के प्राप्त होने से जो सुख होता है वह अतिसुख है, परन्तु

मोक्ष की अपेक्षा वह भी दु:ख है, क्योंकि दु:ख रूप जो तृष्णातन्तु है वह नहीं टूटता तृष्णातन्तु के टूटने से अर्थात् सर्वथा तृष्णा के निवृत्त हो जाने से मुक्त पुरुष प्रसन्न होकर अति उत्तम सुख को प्राप्त होता है अर्थात् केवल मोक्ष ही सुखरूप है।।18।।

प्रत्ययस्य परचित्तज्ञानम्।।19।।

अर्थ– प्रत्यय (चित्त की वृत्ति) के संयम से पर के चित्त का ज्ञान होता है।।19।।

हिन्दी टीका–प्रत्यय के संयम प्रत्यय साक्षात् करने से पर के चित्त का ज्ञान होता है, परन्तु चित्त की वृत्तिमात्र का ज्ञान प्रत्यय के संयम से होता है। चित्त के आलम्बन का ज्ञान नहीं होता अर्थात् चित्त राग को प्राप्त है इत्यादि चित्त की वृत्तियां मात्र का ज्ञान होता है। प्रत्ययमात्र के संयम से यह विदित नहीं हो सकता कि चित्त किस विषय में स्थित है; क्योंकि विषय का संयम नहीं किया गया वृत्तिमात्र के संयम से परचित्त की वृत्तियों का ज्ञान होता है।।19।।

न[1] च तत्सालम्बन तस्या विषयीभूतत्वात्।।20।।

अर्थ– योग के दूसरे के मन का सामान्य ज्ञान होना।।20।।

हिन्दी टीका–योगी यदि यह जानना चाहे कि अमुक मनुष्य का मन कैसी अवस्था में है, तो इतना मात्र जान सकता है कि किसी आधार में लगा हुआ है; परन्तु यह नहीं जान सकता कि अमुक विषय में आसक्त है। क्योंकि दूसरे के ज्ञान का आलम्बन योगी के चित्त का आश्रय नहीं है केवल दूसरे का सामान्य ज्ञानमात्र आलम्बन है।।20।।

कायरूपसंयमात्तद्ग्रह्यशक्तिस्तंभे?[2]
चक्षुःप्रकाशासंप्रयोगेऽन्तर्द्धानम्।।21।।

अर्थ– शरीररूप में संयम से उसकी ग्राह्यशक्ति के रोकने पर नेत्र के प्रकाश का विषय न होने से अर्थात् नेत्र के प्रकाश का

---

1. इदं भाष्यमेव, न सूत्रमिति विज्ञानभिक्षुः।
2. तद्ग्राह्यवृत्तिस्तम्भे इति पाठान्तरम्।

योगी के शरीर के साथ योग न होने से अंतर्द्धान होता है।।21।।

हिन्दी टीका–शरीर के रूप में संयम से उसकी ग्राह्य शक्ति जो अन्य के नेत्रों से देखा जाता है उसके रोकने पर नेत्र के प्रकाश का विषय न होने से योगी को अन्तर्द्धान की शक्ति प्राप्त होती है इसी प्रकार से शब्द, स्पर्श, रस, गंधों में संयम करने से और उनकी ग्राह्य शक्तियों के रोकने से कर्ण, जिह्वा, त्वचा, नासिका, इन्द्रियों के ज्ञान का शब्द आदिकों के साथ योग न होने से शब्द आदि का अंतर्द्धान होता है अर्थात् योगी को रोकने से दूसरे के शब्द आदि का ज्ञान नहीं होता।।21।।

सोपक्रमं निरुपक्रमं च कर्म तत्संयमादपरान्तज्ञानमरिष्टेभ्यो वा।।22।।

अर्थ– **सोपक्रम व निरुपक्रम भेद से दो प्रकार का जो कर्म है उसके संयम से अथवा अरिष्टों से मरने का ज्ञान होता है।।22।।**

हिन्दी टीका–कर्म दो प्रकार के होते हैं, एक वह जिनका फल जल्दी होता है जैसा भीगा हुआ कपड़ा घाम (धूप) में फैलाया हुआ जल्दी सूखता है उनको 'सोपक्रम' कहते हैं, दूसरे जिनका फल बहुत काल पीछे होता है जैसे लपेटा हुआ भीगा कपड़ा छाया में देर से सूखता है उनकी 'निरुपक्रम' कहते हैं। इन कर्मों के संयम से मरने का ज्ञान होता है। सूत्र में जो एक वचन कहा है कि कर्म के संयम से मरने का ज्ञान होता है उसका अभिप्राय यह है कि दोनों प्रकार के अनेक कर्म जो जन्म से लेकर मरने तक होते हैं उन सब कर्मों का समुदाय रूप एक सामान्य कर्म जिसको पूर्व में (पहले) एकभविक नाम से जन्म और आयु का कारण होना वर्णन किया है उन सब कर्मों के समुदाय रूप एकभविक को यह कहा है कि उसके संयम में मरने का ज्ञान होता है और अरिष्टों से भी मरने का ज्ञान होता है अरिष्टों से मरने का ज्ञान अयोगियों को सब मनुष्यों को होता है और हो सकता है अरिष्ट तीन प्रकार के होते हैं–आध्यात्मिक जैसे कानों के छिद्र अंगुली से बंद करने से जो प्राणवायु का शब्द सुन पड़ता है उसका न सुनना दूसरे आधिभौतिक यमदूतों का

अथवा मरे हुए पितरों का अकस्मात् देखना। तीसरे आधिदैविक अकस्मात् स्वर्ग वा सिद्धों का देखना इत्यादि अरिष्टों से मरने का ज्ञान होता है।।22।।

मैत्र्यादिषु बलानि।।23।।

अर्थ– मित्रता आदि में बल होते हैं।।23।।

हिन्दी टीका–मैत्री, करुणा व मुदिता इनमें संयम करने से मित्रता आदि बल योगी को प्राप्त होते हैं। प्राणियों में सुहृद्भावना करने से मित्रता बल दु:खित प्राणियों में करुणा (दया) भाव करने से करुणा बल, धर्मवान् पुरुषों में आनन्दभाव रखने से मुदिता (आनन्द होना) बल योगियों को प्राप्त होता है। चित्तकी भावनी से समाधि होती है अधर्मी में योगी के चित्त की उदासीनता रहती है इससे संयम न होने से कुछ बल नहीं होता।।23।।

बलेषु हस्तिबलादीनि।।24।।

अर्थ– बलों में (बलों में संयम करने से) हाथी के बल आदि होते हैं।।24।।

हिन्दी टीका–बलों में संयम करने से हाथी आदिक समान बल योगी में प्राप्त होते हैं अर्थात् हाथी के बल में संयम करने से हाथी का बल; गरुड़ के बल में संयम करने से गरुड़ के समान बल, वायु के बल में संयम करने से वायु के समान बल होता है इत्यादि।।24।।

प्रवृत्त्यालोकन्यासात्सूक्ष्मव्यवहितविप्रकृष्टज्ञानम्।।25।।

अर्थ– प्रवृत्ति के प्रकाश को प्रेरणा करने से सूक्ष्म व्यवहित (जो किसी के आड में है) और दूर का ज्ञान होता है।।25।।

हिन्दी टीका–ज्योतिष्मती प्रवृत्ति जो पहले वर्णन की गई है उसका प्रकाश उसकी ज्योति है। उसको योगी संयम से जीतकर सूक्ष्म में या जो वस्तु किसी के व्यवधान (आड) से छिपी है उसमें या दूर देश में प्रेरणा करने से सूक्ष्म आदिकों को जानता है। सूक्ष्म जैसे परमाणु आदि व्यवहित पृथिवी में गड़ा हुआ धन आदि को जानता है और दूर जैसे मेरु आदि पर्वत में रसायन हैं उनको जानता है।।25।।

भुवनज्ञानं सूर्ये संयमात्।।26।।

अर्थ– सूर्य में संयम करने से भुवन का ज्ञान होता है।।26।।

हिन्दी टीका–सुषुम्णा नाड़ी द्वारा अपने हृदय व आकाश में एकरूप तेजोमय अपने तेज व किरणों से भूलोक, भुवर्लोक व स्वर्लोक और सब भुवनों का प्रकाश करने वाला जो सूर्य है उसके संयम से योगी को सब भुवनों का ज्ञान होता है; सब भुवन साक्षात् होते हैं अर्थात् दीखने लगते हैं। भुवन कौन कौन हैं और उनका क्या व्याख्यान है? इसके वर्णन करने का सूत्र के अर्थ के साथ कुछ प्रयोजन विशेष नहीं है। भुवनों के वर्णन में बहुत विस्तार होगा; यहां तक कि एक अन्य ग्रंथ की रचना हो जाना संभव है इससे नहीं लिखा; सब भुवनों का ज्ञान सूर्य में संयम करने से होता है यह सूत्र का मुख्य अर्थ लिखा गया है। भुवनों का व्याख्यान श्रीव्यासजीकृत भाष्य वा अन्य ग्रन्थों से जानना चाहिये।।26।।

चन्द्रे ताराव्यूहज्ञानम्।।27।।

अर्थ– चन्द्र में (चन्द्र में संयम करने से) ताराव्यूह (तारों की रचना) का ज्ञान होता है।।27।।

हिन्दी टीका–चन्द्रमा में संयम करने से तारामण्डल वा तारों की रचना का ज्ञान होता है। यहां यह सन्देह होता है, कि जब सूर्य के संयम से सब भुवनों का ज्ञान पृथक् होता है तो ताराव्यूह का भी हो जायगा; चन्द्र के संयम का वर्णन करने से क्या प्रयोजन था? उत्तर यह है कि, सूर्य के प्रकाश में तारागणों का प्रकाश मलिन होने से वह विदित नहीं होता, इससे ताराव्यूह का ज्ञान होने के लिये यहाँ चन्द्रमा में संयम करने को कहा है।।27।।

ध्रुवे तद्गतिज्ञानम्।।28।।

अर्थ– ध्रुव में संयम करने से उनकी गति का ज्ञान होता है।।28।।

हिन्दी टीका–ध्रुव में संयम साधन करने से उनकी अर्थात् उक्त तारागणों की गति का ज्ञान होता है।।28।।

नाभिचक्रे कायव्यूहज्ञानम्।।29।।

अर्थ– नाभिचक्र में संयम साधन से कायव्यूह (शरीर की रचना) का ज्ञान होता है।।29।।

हिन्दी टीका–नाभिचक्र में संयम साधन करने से शरीर की रचना जो

वात, पित्त कफ, त्वचा, रक्त, मांस, अस्थि (हड्डी), मज्जा (चरबी), वीर्य आदि धातुओं से संयुक्त है उसका ज्ञान होता है।।29।।

कण्ठकूपे क्षुतिपपासानिवृत्तिः।।30।।

अर्थ– कण्ठकूप में संयम से भूख पियास की निवृत्ति होती है।।30।।

हिन्दी टीका–जिह्वा के नीचे तन्तु, तन्तु के नीचे कण्ठ व कण्ठ के नीचे कूप है उसमें संयम सिद्ध होने से भूख व पियास की निवृत्ति होती है।।30।।

कूर्मनाड्यां स्थैर्यम्।।31।।

अर्थ– कूर्मनाड़ी में संयम करने से स्थिरता होती है।।31।।

हिन्दी टीका–कूप के नीचे हृदय में कूर्मनाड़ी अर्थात् कछुआ के आकार (रूप) नाडी है उसमें संयम साधन से स्थिरता प्राप्त होती है।।31।।

मूर्द्धज्योतिषि सिद्धदर्शनम्।।32।।

अर्थ– मूर्द्ध ज्योति में सिद्धों का दर्शन होता है।।32।।

हिन्दी टीका–शिर कपाल के (भीतर) छिद्र है वह प्रकाशमान ज्योतिरूप है, उसको मूर्द्धज्योति कहते हैं। उसको सुषुम्णा नाड़ी भी कहते हैं, उसमें संयम करने से पृथिवी और आकाश में जो सिद्ध विचरते हैं व दृष्टि में नहीं आते वे प्रत्यक्ष होते हैं अर्थात् योगी को उनका दर्शन होता है।।32।।

प्रातिभाद्वा सर्वम्।।33।।

अर्थ– अथवा प्रातिभ से सब ज्ञान होता है।।33।।

हिन्दी टीका–विवेकजज्ञान (विवेक से उत्पन्न ज्ञान) संसार से तारने वाला है इससे उसकी तारक संज्ञा (नाम) है और उसी को प्रातिभ भी कहते हैं वह प्रातिभ अर्थात् विवेकजज्ञान के पूर्वरूप में ऐसा प्रकाश होता है जैसे सूर्यमण्डलक उदय होने से अधंकार निवृत्त होने से प्रकाश होता है। ऐसे प्रातिभज्ञान के उत्पन्न होने से भी संयमी सम्पूर्ण पदार्थ को जानता है, 'वा' शब्द से यह अभिप्राय है कि, पूर्व में बहुत प्रकार के संयम नाना प्रकार के ज्ञान उदय होने के लिये कहे हैं इससे यह कहा है कि पूर्व कहे

हुए अनेक संयमों से जो अनेक पदार्थों का ज्ञान होता है वह संपूर्ण इस प्रातिभज्ञान के उदय से भी होता है।।33।।

त्दृदये चित्तसंवित्।।34।।

अर्थ– हृदय में चित्त का ज्ञान होता है।।34।।

हिन्दी टीका–हृदय शब्द से हृदय में जो कमल है वह अधोमुख है उसको ग्रहण करना चाहिये। उसके विज्ञान के लिये संयम करने से (संयम सिद्ध होने में) चित्त का ज्ञान होता है।।34।।

सत्त्वपुरुषयोरत्यन्तासंकीर्णयो:[1] प्रत्ययाविशेषो भोग: परार्थत्वात्स्वार्थसंयमात्पुरुषज्ञानम्।।35।।

अर्थ– अत्यंत भिन्न बुद्धि व आत्मा का भेद रहित एक बोध होना भोग है। यह भोग पर के लिये (निमित्त) होने से स्वार्थ (अपने) में संयम करने से आत्मा का ज्ञान होता है।।35।।

हिन्दी टीका–बुद्धि भोग्य (भोग करने योग्य) व आत्मा भोक्ता (भोग करने वाला) होने से दोनों अति भिन्न हैं। इन दोनों का विशेष (भेद) अज्ञान से बोध न होना अर्थात् एक ही बोध होना भोग है और यह भोगपर (अन्य) जो दृश्यरूप बुद्धि है उसके लिए है अर्थातृ दु:ख सुख का भोग बुद्धि को होता है आत्मा अज्ञान से अपने को दु:खी सुखी और मूढ़ मानता है ऐसा मानना ही भोग है। ऐसा न मानकर सुख दु:ख पर के निमित्त अर्थात् बुद्धि के निमित्त होने से अपने लिये न जानकर अपने को जो ज्ञानस्वभाव बुद्धि से भिन्न जानना है उसमें संयम साधन करने से आत्मज्ञान होता है अर्थात् आत्मस्वरूप साक्षात् होता है।।35।।

तत: प्रातिभश्रावणवेदनादर्शास्वादवार्ताजायन्ते।।36।।

अर्थ– उससे (आत्मज्ञान से) प्रातिभ श्रावणवेद (स्पर्श) आदर्श (रूप) आस्वाद वार्ता गंध उत्पन्न होते हैं।।36।।

हिन्दी टीका–आत्मज्ञान (विवेक से उत्पन्न ज्ञान) से पूर्वोक्त (पहले वर्णन किया हुआ) प्रातिभज्ञान अर्थात् ज्ञान का परम प्रकाश होता है।

---

1. सत्त्वका अर्थ बुद्धि व पुरुष का अर्थ आत्मा जानना चाहिये।

प्रातिभ के होने से प्रातिभश्रावण (दिव्य श्रावण) अर्थात् दूर देश में हुए शब्दों का श्रावण प्रातिभ वेदन होता है अर्थात् जो परोक्ष दूर देश में या अति सूक्ष्म पदार्थ है उसके स्पर्श को जानना। इसी प्रकार से प्रातिभ आदर्श से दित्य रूप, आस्वाद से दिव्यरस, वार्ता से दिव्य गंधज्ञान होने से प्रयोजन है अर्थात् आत्मज्ञान होने से सूक्ष्म व्यवहित (किसी का अन्तर वा आड में प्राप्त) दूर देश में विद्यमान भूत और भविष्यत् शब्द स्पर्श रूप रस व गंधों का ज्ञान नित्य योगी को होता है।।36।।

ते समाधावुपसर्गा व्युत्थाने सिद्धयः।।37।।

अर्थ– वह समाधि में विघ्न व व्युत्थान अवस्था में सिद्धियां होती हैं।।37।।

हिन्दी टीका–प्रातिभ ज्ञान से जो दिव्यश्रवण आदि होते हैं उनके प्राप्त होने से कृतार्थ होना न समझना चाहिये; क्योंकि वह दिव्यश्रवण आदि समाधि अवस्था में जिससे मोक्ष प्राप्त होने का प्रयोजन है सब विघ्न व व्युत्थान अवस्था में सिद्धियां समझे जाते व कहे जाते हैं अर्थात् ये सब सिद्धियां समाधि में विघ्न करती हैं इसलिये परमानन्दमोक्ष के चाहने वाले योगी इन सिद्धियों का त्याग कर देते हैं और इनके फंदे नहीं पड़ते हैं।।37।।

बंधकारणशैथिल्यात् प्रचारसंवेदनाच्च चित्तस्य परशरीरावेशः।।38।।

अर्थ– बंध कारण शिथिल होने से व प्रचार संवेदन से चित्त का परशरीर में प्रवेश होता है।।38।।

हिन्दी टीका–जब जगह प्राप्त होने वाला व रहने वाला चित्त है, उसका एक शरीर मात्र में स्थित रहना बंध है और इस बंध के कारण धर्म अधर्म कर्म हैं। इनकी शिथिलता समाधिबंल से होती है। इन बंधों का कारणों के शिथिल होने से और प्रचारसंवेदन से अर्थात् प्रचार जो चित्त के गमन आगमन की नाड़ी हैं उनके यथार्थं ज्ञान होने से योगी, चित्त को अपने शरीर से निकालकर दूसरे के शरीर में प्रविष्ट कर देता है, चित्त के प्रवेश करने में चित्त के साथ ही सब इन्द्रियां भी दूसरे के शरीर में प्रवेश करती हैं।।38।।

उदानजय ज्जलपङ्ककण्टकादिष्वसङ्ग उत्क्रान्तिश्च॥39॥

अर्थ– उदान के जीतने से जल कीच काँटा आदि में असंग (मेल रहित) और इच्छामरण (अपनी इच्छा अनुसार मरने वाला) होता है॥39॥

हिन्दी टीका–शरीर पांच वायु हैं-पांण, अपान, समान, उदान और व्यान। इन सबमें प्राण मुख्य है, उसका स्थान हृदय है अर्थात् प्राणवायु हृदय में रहता है। इसी तरह अपान का स्थान गुदा, समान का स्थान नाभि, उदान का कण्ठ व व्यान का सब शरीर है अर्थात् व्यान सब शरीर में रहता है। उदान की संयम से जीतने से योगी जल कीच कांटा आदि के ऊपर चलता है और जल कांटा आदि योगी के शरीर में नहीं छू जाते और अपनी इच्छा से योगी अपने शरीर का त्याग करता है॥39॥

समानजयाज्ज्वलनम्॥40॥

अर्थ– समान के जीतने से ज्वलन (तेज) होता है॥40॥

हिन्दी टीका–समान वायु को जीतने (वश करने) से अग्नि के समान तेजवान् होता है॥40॥

श्रोत्राकाशयोः सम्बन्धसंयमाद्दिव्यश्रोत्रम्॥41॥[1]

अर्थ– श्रोत्र (कान) व आकाश दोनों के सम्बंध में संयम करने से दिव्य श्रोत्र होता है॥41॥

हिन्दी टीका–शब्द आकाश का गुण है और श्रोत्र इंद्रिय उसका कारण है अर्थात् श्रोत्र इन्द्रिय से शब्द सुना जाता है शब्द और श्रोत्र का आधार आकाश है इससे श्रोत्र इन्द्रिय और आकाश का सम्बन्ध है, इन दोनों के सम्बन्ध से संयम करने से योगी का दिव्य श्रोत्र होता है अर्थात् श्रोत्र इंद्रिय दिव्य होता है। दिव्य होने से योगी निकट व दूर सब स्थानों के शब्दों को सुनता है। पहले स्वार्थ में संयम से दिव्य श्रोत्र आदि का होना वर्णन किया है यहाँ श्रोत्र इन्द्रिय व उसका सम्बन्धी आकाश भूत के साथ जो सम्बन्ध है उसके संयम से दिव्य श्रोत्र होना कहा है। इसी प्रकार से

1. दिव्यं श्रोत्रम् इति पाठान्तरम्।

एक एक इन्द्रिय व उसके कार्य भूत के संयम से एक-एक इन्द्रिय के दिव्य होने की सिद्धि प्राप्त होना समझना चाहिये अर्थात् त्वक् (चमड़ा) व वायु नेत्र व तेज रसना (जिह्वा) व जल नासिका व गन्धों के सम्बन्ध संयम करने से दिव्यत्वचा आदि इन्द्रियों का होना समझना चाहिये।।41।।

कायाकाशयोस्सम्बन्धसंयमाल्लघुतूलसमापत्तेश्चा-काशगमनम्।।42।।

अर्थ– **शरीर व आकाश के सम्बन्ध में संयम से और लघु तूल आदि में समाधि होने से आकाश का गमन होता है।।42।।**

हिन्दी टीका–शरीर व आकाश के सम्बन्ध में संयम सिद्ध करके लघु तूल (रुई) आदि से लेकर परमाणु तक में समाधि सिद्ध करने से सम्बन्ध के वश करने से योगी लघु वा हलका होता है लघु होने से हलकापन से प्रथम पद से जल में चलता है फिर सूर्य किरणों में विहार करता है इसके पश्चात् इच्छापूर्वक आकाश में उड़ता है।।42।।

बहिरकल्पिता वृत्तिर्महाविदेहा ततः प्रकाशावरणक्षयः।।43।।

अर्थ– **अकल्पिता महाविदेह जो बाहर की वृत्ति है उससे प्रकाश के आवरण क्षय (नाश) होता है।।43।।**

हिन्दी टीका–शरीर से बाहर मन की वृत्ति के लाभ करने को विदेह धारणां कहते हैं जो इस कल्पना से बाहर देश में धारणा की जाती है कि शरीर में स्थित मन वृत्तिमात्र से बाहर हो जाता है व बाहर प्रवृत्त होता है उसकी कल्पिता विदेहा कहते हैं और जो बिना शरीर की अपेक्षा मन बाहर ही है उसी की वृत्ति बाहर होती है ऐसी धारण की जाती है, उसको अकल्पिता महाविदेहा कहते हैं, कल्पिता को प्रथम सिद्ध करके कल्पिता के द्वारा योगी अकल्पिता महाविदेहा को साधन करता है, अकल्पिता महाविदेहा को सिद्ध होने से योगी पर के शरीर में प्रवेश करता है और उससे प्रकाश जो चित्त का स्वभाव है उसके आवरण (रोक) जो क्लेश व कर्म फल हैं उनका क्षय होता है। अविद्या आदि क्लेशों के क्षय होने के आवरणरहित योगी का चित्त इच्छा अनुसार विहार करता है।।43।।

स्थूलस्वरूपसूक्ष्मान्वयार्थवत्त्वसंयमाद्भूतजयः॥44॥

अर्थ– स्थल, स्वरूप, सूक्ष्म, अन्वय व अर्थवत्त्वों में संयम करने से भूतों को जीतता है अर्थात् सब भूत योगी के वश हो जाते हैं॥44॥

हिन्दी टीका–पृथिवी आदि भूतों स्थूल, स्वरूप, सूक्ष्म, अन्वय और अर्थवत्त्व यह पांच प्रकार के रूप भेद होते हैं। स्थूल आदिकों का निदर्शन यह है कि पार्थिव (पृथिवीवाले) गन्ध, रस, रूप, स्पर्श, शब्द ये पांच हैं। आप्य (जलवाले) गन्ध छोडकर रस आदि चार, तैजस (तेजवाले) गन्ध व रस छोड़कर रूप आदि तीन, वायवीय (वायु वाले) गन्ध रस व रूप छोड़कर दो आकाशीय (आकाशंवाला) गन्ध आदि चार छोड़कर शब्दमात्रा होने से पार्थिव आदि शब्द आदि एक-एक का अधिक व न्यून सम्बन्ध होने से एक दूसरे से विशेष (भेदयुक्त) हैं। शब्द आदिकों के साथ रहने वाले जो और पार्थिव आदि धर्म हैं। उनका विभाग यह है आकार गरू होना, रूक्ष होना रंग स्थिर होना, कठिनता, सबसे भोग्य होना यह पार्थिव धर्म है स्नेह (चिकनाई) सूक्ष्मता, प्रकाश, शुक्लता (सफेदी), बहना, गरूहोना, शीत होना, रक्षा; पवित्रता, मिलाना यह आप्य (जल के वा जल वाले) के धर्म हैं। ऊपर को जाना, पचाना, जलाना (भस्म करना), प्रकाश करना, हलका होना, पतला व पवित्र करना यह तैजस (तेजवाले) हैं। चलना, पवित्रता, फेंकना, प्रेरणा[1], बल, रूक्ष होना यह वायवी (वायु) के हैं। सर्व गति होना (सब जगह प्राप्त होना या रहना) रचना व आकाररहित होना, रोक न होना यह आकाशीय (आकाश के) धर्म हैं। इन धर्मों के भेद से पृथिवी आदि एक दूसरे विलक्षण व भिन्न हैं। आकार आदि भी सामान्य व विशेष रूप से होते हैं; यथा गौ घट आकार आदि होना यह पार्थिव शब्द आदि और आकार आदि स्थूल शब्द (नाम) से कहे जाते हैं। यह स्थूल भूतों का प्रथम रूप है; सामान्य रूप से पृथिवी का मूर्ति रूप जल का स्नेह रूप तेज का उष्ण (गरम होना) वायु का वहनशील (बहनेवाला) और आकाश का सर्वगत होना स्वरूपशब्द से कहा जाता है। यह स्वरूप पृथिवी आदि भूतों का दूसरा रूप है इस

1. तृण आदि को प्रेरा करके वायु चलता है अर्थात् उड़ाता है स्थानान्तर को ले जाता है और शरीर को चलाता है इससे वायु में प्रेरणा धर्म है।

सामान्य के शब्द आदि विशेष रूप से होते हैं। शब्द आदिकों के विशेष रूप होने का वर्णन प्रथम लिख दिया गया है। द्रव्य का स्वरूप सामान्य व विशेष का समुदाय और समूह में विशेष रूप होता है। यथा-शरीर, वृक्ष, यूथ, वन आदि समूह के दो भेद हैं। एक जो अनेक पृथक्-पृथक् व्यक्तियों से युक्त समूह रूप एक माना जाता है यथा अनेक वृक्षों से युक्त वन व अनेक ब्राह्मण आदि से युत एक ब्राह्मण आदिकों का यूथ (जमात) कहा जाता है इसको युक्त सिद्धावयव कहते हैं। दूसरा जो पृथिवी आदि अवयवों का संघात (मेल) रूप विना अन्य व्यक्ति के योग एक एक का ज्ञान होता है। जैसे शरीर वृक्ष आदि इसको अयुत सिद्धावयव कहते हैं। यह स्वरूप का भेद वर्णन किया गया भूतों के कारण रूप (सूक्ष्मरूप) परमाणु और उनमें प्राप्त शब्द स्पर्श रूप रस गंध सूक्ष्म शब्द से कहे जाते हैं। यह भूतों का तीसरा रूप है। सत्त्व रज तम इन तीनों गुणों को जिनका कार्यरूप होने का स्वभाव है अन्वय कहते हैं यह चौथा रूप है। सत्त्व गुण आदि व उनके कार्यों का भोग व अपवर्ग के निमित्त होना अर्थवत्त्व है यह पांचवाँ रूप है। इन भूतों के पांच कार्य स्वरूप स्थूल आदि में क्रम से संयम करने से योगी भूतों के स्वरूप को यथार्थ रूप से जानता है और भूतों को जीत लेता है जैसा वत्स के पीछे गाय स्नेहवश जाती है इसी प्रकार से योगी के संकल्प अनुसार पृथिवी आदि भूतों के कार्य होते हैं॥44॥

ततोऽणिमादिप्रादुर्भावः
कायसम्पत्तद्धर्मानभिघातश्च॥45॥

अर्थ– उससे (भूतों के जीतने से) अणिमादिकों की उत्पत्ति व काय सम्पत्ति की प्राप्ति होती है और उनके धर्मों से अर्थात् भूतों धर्मों से बाधा भी नहीं होती॥45॥

हिन्दी टीका–स्थूल आदि के संयम से भूतों का जीतना जो वर्णन किया है उससे अणिमादि आठ सिद्धियां उत्पन्न होती हैं अर्थात् प्राप्त होती हैं। स्थूल में संयम करने से चार सिद्धियां होती हैं। एक अणिमा अर्थात् बडे स्वरूप से सूक्ष्म हो जाना दूसरी लघिमा अर्थात् बडा शरीर होने पर भी अति हलका होकर आकाश में उड़ना व विहार करना तीसरी महिमा

अर्थात् बहुत भारी स्वरूप धारण करना चौथी प्राप्ति अर्थात् पृथिवी में बैठे हुए अंगुली के अग्रभाग से चन्द्र को स्पर्श करना आदि स्वरूप के संयम से प्राकाम्यसिद्धि होती है अर्थात् योगी जल में प्रवेश करने के समान अपनी इच्छा से भूमि के भीतर प्रवेश करता है। सूक्ष्म विषय में संयम जीतने (सिद्ध करने) से वशित्व होता है, अर्थात् पृथिवी आदि भूतों से और गौ घट आदि भौतिकों में स्वाधीन होता है अन्वय में संयमजित् होने से ईशित्व होता है, अर्थात् भौतिक (भूतों से उत्पन्न) पदार्थों के उत्पन्न व उनके नाश व उनकी रचना करने में समर्थ होता है और अर्थवत्त्व में संयम सिद्ध करने से यत्र कामावसायित्व सत्य संकल्पता सिद्धि होती है अर्थात् जो संकल्प करता है उसी प्रकार से भूत की प्रकृतियों से कार्य होते हैं परन्तु इससे यह न समझना चाहिये कि, ईश्वररचित सृष्टिकार्य के विरुद्ध कार्य योगी कर सकता हे अर्थात् उनको चन्द्रमा कर देने आदि में समर्थ होता है जो योग्य कार्य हैं उनको योगी अपने संकल्प से कर सकता है यह आठ सिद्धियां प्राप्त होती हैं। कायसम्पत्ति को आगे सूत्र में वर्णन किया है उससे यहां उसके व्याख्यान की आवश्यकता नहीं है। पृथिवी आदि भूतों के धर्म मूर्तिमान् होने से रोक करना आदि हैं उनसे योगी को बाधा नहीं होती अर्थात् योगी शिला के भीतर प्रवेश करता है, शिला आदि उसके प्रवेश करने में रोक नहीं कर सकते तथा जल भिगा नहीं सकता, अग्नि भस्म नहीं कर सकती, वायु उड़ा नहीं सकती और आकाश यद्यपि किसी का आवरण (छिपाने वाला) नहीं होता तथापि योगी अति सूक्ष्म हो आकाश में छिप जाता है देख नहीं पड़ता।।45।।

रूपलावण्यबलवज्रसंहननत्वानि कायसम्पत्।।46।।

अर्थ– सब अङ्गो की सुन्दरता बल व वज्र के समान अंगों को रचना दृढ़ होना कायसम्पत्ति है।।46।।

हिन्दी टीका–अति सुन्दर होना बल होना वज्र के समान शरीर के अवयव व जोड़ों का कठिन होना कायसम्पत् है। यह उक्त (कहे हुए) स्थूल आदि में संयम करने से भूतों के जीतने से प्राप्त होता है।।46।।

ग्रहणस्वरूपाऽस्मिताऽन्वयार्थवत्त्वसंयमादिन्द्रियजयः।।47।।

अर्थ– ग्रहण स्वरूप अस्मिता अन्वय व अर्थवत्त्व में संयम करने

से इन्द्रियों से जीत होती है अर्थात् इन्द्रियों को जीतता है।।47।।

हिन्दी टीका–इन्द्रियों के पांच प्रकार के रूप भेद हैं उनका विवरण यह है सामान्य व विशेष स्वरूप से विद्यमान रहने वाले शब्द, स्पर्श, रूप, रस, गंध, ग्राह्य हैं। इनमें श्रवण आदि इन्द्रियों की वृत्तियों का होना ग्रहण है यह इन्द्रियों का एक रूप है ज्ञान है स्वभाव जिसका ऐसी बुद्धि है उसके सामान्य व विशेषों के अयुत[1] सिद्धावयव भेद को प्राप्त समूहरूप द्रव्य इन्द्रिय है यह इन्द्रिय का स्वरूप इन्द्रिय का दूसरा रूप है। अस्मिता (अहंकार) सामान्य रूप के विशेषरूप इन्द्रिय है यह अस्मितारूप होना इन्द्रियों का तीसरा रूप है। अहंकार संयुक्त इन्द्रियाँ ज्ञानक्रिया और स्थिति स्वभाव वाले जो सत्त्वगुण, रजोगुण व तमोगुण हैं उनके परिणाम हैं यह इन्द्रियों का अन्वयरूप चौथा रूप है। गुणों में जो गुणों के अनुसार पुरुषार्थ का होना है यह अर्थवत्त्वसंज्ञक इन्द्रियों का पांचवाँ रूप हैं। इन पांचों इन्द्रिय रूपों के क्रम से संयम करने से एक एक को जीतकर पांचों रूपों के जीतने से योगी इन्द्रियजित् होता है सब इन्द्रियाँ उसके अधीन हो जाती हैं।।47।।

ततो मनोजवित्वविकरणभावः[2] प्रधानजयश्च।।48।।

अर्थ– उससे (इन्द्रिय जय से) मनोजवित्व, विकरण भाव और प्रधान से जय होता है अर्थात् योगी प्रधान को जीतता है।।48।।

हिन्दी टीका–इन्द्रिय जय से (इन्द्रियों को जीतने से) मनोजवित्व अर्थात् शरीर की अति उत्तम गति होना विकरणभाव अर्थात् विना देहसम्बन्ध दूर देश में प्राप्त भूत व भविष्यत् काल में हुए व होने वाले और अतिसूक्ष्म विषयों का जानना प्रधानजय अर्थात् सम्पूर्ण प्रकृति के कार्यों का वश होना यह तीन सिद्धियाँ प्राप्त होती हैं। इन तीन सिद्धियों के मधुप्रतीक कहते हैं।।48।।

1. अयुत सिद्धावयव का वर्णन पहिले 43 सूत्र के भाष्य में हो चुका है इससे यहाँ नहीं लिखा गया उक्त के भाष्य से देखना चाहिये।

2. मनोजयित्वं इति मूले पाठः।

सत्त्वपुरुषान्यताख्यातिमात्रस्य सर्वभावाधिष्ठातृत्वं सर्वज्ञातृत्वं च॥49॥

अर्थ– बुद्धि व पुरुष के भिन्न होने का जिसको ज्ञान है केवल उसी को सब भावों (पदार्थों) का अधिष्ठाता होना व सबका ज्ञाता होना सिद्ध होता है॥49॥

हिन्दी टीका–रजोगुण, तमोगुण मल जिसके दूर हो गये हैं और विवेक से उत्पन्न ज्ञान से बुद्धि व आत्मा के भिन्न होने का जिसको निश्चय हो गया है और तो वशीकारसंज्ञा वैराग्य में वर्तमान है वही एक भावों का अर्थात् प्रधान व सम्पूर्ण उसके परिणाम रूप पदार्थों का अधिष्ठाता होता है और सब प्राणियों व पदार्थों के अतीत अनागत और वर्तमान धर्मोंसहित स्थित गुणों को जानता है इसको विशेषिका सिद्धि कहते हैं। इसको प्राप्त होकर योगी सब क्लेश व बन्धन से रहित हो पूर्णज्ञान होकर आनन्द से विचरता है॥49॥

तद्वैराग्यादपि दोषबीजक्षये कैवल्यम्॥50॥

अर्थ– उसमें भी वैराग्य होने से दोष (क्लेश) बीजों के नाश होने पर कैवल्य मोक्ष होता है॥50॥

हिन्दी टीका–उसमें अर्थात् विवेक ख्यातिरूप बुद्धि में भी वैराग्य होने से दोष बीज जो राग द्वेष मोह कर्मफल संस्कार हैं उनके क्षय होने से चित्त में परवैराग्य होता है। वैराग्य होने से पुरुष को मोक्ष प्राप्त होता है। मोक्ष होने में पुरुष चेतन आनन्दस्वरूप मात्र रहता है। यह जो विवेक वृत्ति रूप सत्त्वगुण का कार्य बुद्धि है उनमें वैराग्य होना परवैराग्य व परवैराग्य से मोक्ष होना वर्णन किया है इसका भाव यह है कि विवेक प्रत्यय अर्थात् विवेक वृत्ति वा विवेकरूप ज्ञान होने से विषयों से वैराग्य होता है जिस विवेक प्रत्यय से विषयों से वैराग्य होता है वह सत्त्वरूप बुद्धि का धर्म है बुद्धि सत्त्वरूप प्रधान का कार्य है और त्यागने योग्य वर्णन की गई है उस पुरुष परिणाम रहित शुद्धबुद्धि से भिन्न है, इससे जिस विवेकबुद्धि से विषयों से वैराग्य होता है उस विवेक प्रत्ययरूप बुद्धि में भी वैराग्य होने से व गुणों के वियोग होने से क्लेश के बीजों का नाश होता है। क्लेश

बीजों के नाश होने से मुक्ति होती है मुक्ति होने से पुरुष फिर तीनों तापों को भोग नहीं करता इसको संस्काराशेष सिद्धि कहते हैं।।50।।

स्थान्युपनिमन्त्रणे सङ्गस्मयाकरणं पुनरनिष्टप्रसङ्गात्।।51।।

अर्थ– स्थानियों (देवताओं) के उपनिमंत्रण में फिर अनिष्ट (क्लेश) प्राप्त होने से संग व समय न करना चाहिये।।51।।

हिन्दी टीका–योग में जो विघ्न उत्पन्न होते हैं उनके निवारण के लिये यह उपदेश किया है कि स्थानियों के उपनिमन्त्रण में संग व समय न करना चाहिये। इसका व्याख्यान यह है कि योगी चार प्रकार के होते हैं प्रथम कल्पिक, मधुभूमिक, प्रज्ञाज्योति और अतिक्रान्तभावनीय। प्रथम (कल्पिक) योगी संयम में प्रवृत्तमात्र पर के सिद्धि आदि को नहीं जानता, दूसरा (मधुभूमिक) सप्रंज्ञात योग से ऋतंभरा प्रज्ञा अवस्था को प्राप्त भूत व इन्द्रियों को साक्षात् करके जीतने की इच्छा करता है, तीसरा (प्रज्ञाज्योति) भूत व इन्द्रियों का जीतने वाला है अर्थात् सम्पूर्ण जो भावना किये गये हैं व जिनकी भावना करना योग्य है उनमें रक्षा बन्ध करके कृत (किये गये) व कर्तव्य (करने योग्य) का साधन करने वाला है। चौथा (अतिक्रांतभावनीय) जीवन्मुक्त होता है जिसका केवल चित्त का लय होना ही प्रयोजन है, इस अतिक्रान्तभावनीय योगी के प्रज्ञा (बुद्धि) की सात प्रकार की प्रान्तभूमि होती है इनका व्याख्यान पूर्व ही किया गया है। इनमें से प्रथम योगी देवता आदि से उपनिमन्त्रण (प्रार्थना) किये जाने के योग्य नहीं होता दूसरा मधुभूमिक जब मधुमती भूमि को साक्षात् करता है और इन्द्रियों के जीतने की इच्छा करता है तब उसके सत्त्व (बुद्धि) में शुद्धता होते देखकर स्थानी अर्थात् स्थानों के देवता स्थानों से उपनिमन्त्रण (आदर सत्कार के लिये बुलाना या प्रार्थना करना) करते हैं अर्थात् उत्तम उत्तम भोग दिखाकर योगी से यह कहते हैं कि यहां स्थित हो यहां रमण करो क्या अच्छा यह भोग है यह अति सुन्दर कन्या है क्या अच्छा रसायन है कि जिससे जरा मृत्यु नहीं होती, कैसा आकाश चलने वाला विमान कैसे कल्पवृक्ष हैं उत्तम अप्सरा हैं दिव्य कर्ण नेत्र हैं यह वज्र के समान शरीर है यह अजर अमर देवताओं के स्थान हैं ऐसा जो स्थानियों का उपनिमंत्रण है उसमें संग व समय न करना चाहिये। संग के दोषों को

विचार कर ऐसी भावना करे कि मैं इस घोर संसार में बारम्बार जन्म व मरण क्लेश रूप अन्धकार में परिवर्तमान यत्न व साधन से क्लेश अंधकार का नाश करने वाला योगप्रदीप जो प्रकाशित किया है उसके यह तृष्णायोनि (तृष्णा के उत्पन्न करने वाले) विषय शत्रु हैं। मैं पूर्व ही इस विषयतृष्णा से ठगा गया अब ज्ञानप्रकाश को प्राप्त फिर किस तरह जलते हुए संसार अग्नि में अपने आत्मा को ईंधन के समान जलाऊँ। जो विषय भोग स्वप्न के समान व तुच्छ कृपण जनों से इच्छा करने योग्य हैं उनसे बचा रहना चाहिये, इसी में कल्याण है। इस प्रकार से संग त्याग का निश्चय करके समाधि में प्राप्त होय और यह मेरे योग का प्रभाव है कि देवता मेरी प्रार्थना करते हैं ऐसे अहंभाव अंधकार (अहंकार) को समय कहते हैं। यह न करे यह योगभ्रष्ट होने का कारण है योग भ्रष्ट होने से फिर अनिष्ट जो क्लेश आदि है उनका प्रसंग होता है अर्थात् फिर क्लेश आदि प्राप्त होते हैं इससे स्थानियों के उपनिमन्त्रण में संग व समय न करना चाहिये। संग व समय न करने से दृढ होकर योगी समाधि को प्राप्त होता है।।51।।

क्षणतत्क्रमयोः संयमाद्विवेकजं ज्ञानम्।।52।।

अर्थ– क्षण और उनके क्रमाक संयम से (विवेकज विवेक से उत्पन्न) ज्ञान होता है।।52।।

हिन्दी टीका–नियत समय पाकर जो परमाणु चलता है व चलने में पूर्व देश को छोड़ता है वह उत्तरदेश (आगे की जगह) को प्राप्त होता है यह क्षण है और इन क्षणों का प्रवाह न रुकना क्रम है क्षणों का और उनके क्रमों का समूह होना जो माना जाता है अथवा भासित होता है यह यथार्थ नहीं है क्योंकि क्षणों का समूहरूप जो मुहूर्त रात्रि दिन है यह कालवस्तु से शून्य है एक बुद्धि से मान लेना मात्र है। भ्रम से लोक में वस्तुस्वरूप के समान भासित होता है क्षणों के पूर्व से उत्तर होने में अर्थात् पहिले से आगे चलने वा होने में जो एक दूसरे से अन्तर होता जाता है इसको क्रम कहते हैं परन्तु विचार से क्षणों का समूह में क्रम का कोई वस्तु होना सिद्ध नहीं क्योंकि दो क्षण एक साथ नहीं होते दोनों का साथ होना असंभव होने से क्रम नहीं हो सकता अर्थात् पूर्व के न रहने में वर्तमान

होता है न रहे हुए का वर्तमान के साथ संयोग नहीं हो सकता इससे एक-एक क्षण वर्तमान है पूर्व व उत्तर क्षण कुछ नहीं है इससे क्षणों का समाहार (संयोग) नहीं है जो हुए और होने वाले क्षण हैं वह परिणाम संयुक्त व्याख्यान करने योग्य हैं केवल एक वर्तमान ही क्षण से सम्पूर्ण लोक परिणाम का अनुभव करता है इन क्षणों के आरूढ सब धर्म हैं इन क्षणों व क्षणों के क्रमों में संयम सिद्ध करने से क्षण व क्रम साक्षात् होते हैं साक्षात् होने के प्रश्चात् विवेकजज्ञा (विवेक से उत्पन्न ज्ञान) प्रकट होता है।।52।।

जातिलक्षणदेशैरन्यतानवच्छेदात्तुल्ययोस्ततः प्रतिपत्तिः।।53।।

अर्थ– जब समान पदार्थों में जाति, लक्षण व देशों से एक दूसरे से भेद होने का निश्चय नहीं होता तब उससे अर्थात् विवेकज ज्ञान होता है।।53।।

हिन्दी टीका–लोक में एक दूसरे से भेद निश्चित्त होने के तीन हेतु हैं- जाति, लक्षण और देश जो दो पदार्थ देश व लक्षण में समान हैं उनमें जाति अन्यता (एक के दूसरे भिन्न होना) जानने में हेतु होता है यथा गौ और नील गौ में जाति से (जाति द्वारा) भेद होने का ज्ञान होता है और जो जाति व देश में दो पदार्थ समान होते हैं उनमें लक्षण उनके भेद जानने में हेतु (कारण) होता है जैसे दो गौ जो जाति व देश (शरीर परिणाम) में समान हैं उनमें लक्षण अर्थात् कृष्ण व शुक्ल (काले व सफेद) आदि रंग से भेद विदित होता है और जो जाति व लक्षण में तुल्य हैं उनमें देश से भेद होने का ज्ञान होता है यथा दो आंवले जो जाति व लक्षण में समान हैं उनका भेद पूर्व व उत्तर देश से जाना जाता है और अब इन दोनों आंवलों को जिसने प्रथम देखा है उसकी दृष्टि बचाकर पूर्व को उत्तर व उत्तर को पूर्वकर देवै तो जाति लक्षण में समान होने और देश का भेद न ज्ञान होने को भेद का निश्चय नहीं होता जब जाति लक्षण व देशों से भेद होना विदित नहीं होता तब योगी को विवेकजज्ञान से भेद विदित होता है अर्थात् लोक को जाति लक्षण व देश द्वारा पदार्थों के भेद का ज्ञान होता है व योगियों को बिना जाति लक्षण देश के विवेकज ज्ञान से भेद होने का निश्चय होता है।।53।।

तार कं सर्वविषयं सर्वथा विषयक्रमं चेति विवेकजं ज्ञानम्॥54॥

अर्थ– तारकज्ञान जो विवेकज ज्ञानरूप है बिना क्रम उसमें सब विषयों का ज्ञान होने से कोई विषय शेष (बाकी) न रहने से तारक सर्व विषय है अर्थात् कोई विषय रहित नहीं है॥54॥

हिन्दी टीका–तारकसंज्ञक विवेकजज्ञान संसार सागर से तारता है इससे तारक कहते हैं इसमें सब विषयों का ज्ञान होता है व बिना क्रम एक ही क्षण में अनेक या सब पदार्थों को जानता है कोई विषय इसमें शेष नहीं रहता इससे सर्व विषय हैं अर्थात सब विषयों के ज्ञान संयुक्त हैं॥54॥

सत्त्वपुरुषयोः शुद्धिसाम्ये कैवल्यमिति[1]॥55॥

इति पातञ्जले योगशास्त्रे विभूतिनिर्देशीनामतृतीयः पादः॥3॥

अर्थ– सत्त्वपुरुष दोनों की शुद्धि सम होने में मुक्ति होती है॥55॥

हिन्दी टीका–जब रजोगुण व तमोगुण मल से रहित शुद्धसत्त्वरूप अर्थात् सत्त्वगुण रूप बुद्धि होती है जिससे पुरुष के पृथक् (बुद्धि से भिन्न) होने मात्र का बोध होता है व सम्पूर्ण क्लेश बीज भस्म हो जाते हैं तब पुरुष का शुद्ध रूप भासित होता है और पुरुष जो अविद्या से दुःख सुख भोग करता है उस भोग का अभाव होता है यही पुरुष स्वरूप की शुद्धि है। जब इस प्रकार से सत्त्व (बुद्धि) व पुरुष की शुद्धि होती तब मुक्ति होती है। जिसके सत्व व पुरुष रूप की शुद्धि होने से क्लेश बीज भस्म हो जाते हैं। उसके ज्ञान में किसी सिद्धि या विभूति की अपेक्षा नहीं होती सत्त्वशुद्धि होने के द्वारा समाधि से उत्पन्न ऐश्वर्य प्राप्त होते हैं परन्तु ऐश्वर्य प्राप्त होना मुख्य प्रयोजन नहीं है। मुख्य परमार्थ यह है कि ज्ञान होने से अविद्या का नाश अविद्या के नाश से क्लेशों का नाश होता है क्लेशों के अभाव (न रहने) से कर्म फलों की निवृत्ति होती है फिर पुरुष को भोग

1. इतिशब्दो राजमार्तण्डभाजवृत्त्योर्मूले नास्ति।

नहीं होता पुरुषस्वरूप मात्र निर्मल ज्योतिरूप रहता है यही पुरुष कैवल्यनामक मोक्ष है।।55।।

इति श्रीपातञ्जले योगशास्त्रे देशभाषाकृतभाष्ये श्रीमत्प्यारेलालात्मज बाँदामण्लान्तर्गत तेरहीत्याख्यग्रामवासि श्रीप्रभुदयाल निर्मिते बिभूतिपादस्तृतीयः समाप्तः।।3।।

अथ कैवल्यपादः॥4॥

कैवल्यपाद

अब चौथा कैवल्यपाद का वर्णन करते हैं :

जन्मौषधिमन्त्रतपस्समाधिजाः सिद्धयः॥1॥

अर्थ– जन्म, औषधि, मंत्र, तप और समाधिज (समाधि से उत्पन्न) सिद्धियां हैं॥1॥

हिन्दी टीका–मनुष्य जन्म में स्वर्गभोग फल प्राप्त होने योग्य धर्माचरण व्रत करने से देहत्याग करने पर पुण्य विशेष से देवजन्म को प्राप्त होता है देवयोनि में होने ही से दिव्य देह होने से अणिमा आदि सिद्धियां प्राप्त होते हैं यह जन्मसिद्धि है। औषधिविशेषरूप रसायनों के योग से जरामरण का निवारण करना शरीर में विशेष शक्तियों का प्राप्त करना औषधिसिद्धि है, मंत्रों से (मंत्रों के द्वारा) आकाश में गमन करना व अणिमा आदि सिद्धियों का प्राप्त होना मंत्रसिद्धि है तप करने से इच्छाचारी होना अणिमा आदि प्राप्त होने का जो मनोरथ हो उसका पूर्ण होना तपस्सिद्धि है समाधिज सिद्धियों का जो व्याख्यान हो गया यह पांच प्रकार की सिद्धियां होती हैं। सिद्धियों के प्राप्त होने से जो योगी एक जाति से अन्य जाति तथा रूप को धारण करता है यह और और शरीर व रूपों का हो जाना तथा प्राणियों का एक जन्म से अन्य जन्म में होना कैसे होता है, शरीरों के परिणाम (बदलने) के उपादान कारणों का न्यून अधिक होना कैसे संभव है? क्योंकि बिना कारण की विलक्षणता कार्य में विलक्षणता वा भेद नहीं हो सकता इस संदेह निवारण के लिये अन्यजाति व रूप में प्राप्त होने का हेतु आगे सूत्र में वर्णन करते हैं॥1॥

जात्यन्तरपरिणामः प्रकृत्यापूरात्॥2॥

अर्थ– प्रकृति की पूर्णता से जात्यन्तर में (और जाति वा जन्म में) परिणाम होता है॥2॥

हिन्दी टीका–शरीर व इन्द्रियों के एक जाति से दूसरी जाति में परिणाम होने को जात्यन्तर परिणाम कहते हैं। जैसे मनुष्यजाति में परिणत (परिणाम को प्राप्त) जो शरीर व इन्द्रिय हैं उनका देवता व तिर्यक् योनि में परिणाम होना जात्यन्तरपरिणाम है। यह परिणाम प्रकृति के आपूर (पूर्णता) से होता है। पृथिवी आदि जो भूत हैं यह शरीर की प्रकृति है और अस्मिता इंद्रियों की प्रकृति है। इन प्रकृतियों का कारण रूप से कार्यरूप अवयवों के आकार में भरने वा प्रवेश करने को आपूर कहते हैं, इस प्रकृत्यापूर अर्थात् प्रकृति की पूर्णता से जात्यन्तर में (दूसरे रूप व आकार में) परिणाम होता है। अब शंका यह है कि, यह प्रकृत्यापूर धर्म आदि निमित्त (कारण) की अपेक्षा करता है कि बिना धर्म आदि की अपेक्षा आप ही प्रवृत्त होता है? इसका समाधान यह है कि, धर्म आदि निमित्त की अपेक्षा करता है अर्थात् बिना धर्म आदि निमित्त के नहीं होता ईश्वर नियम अनुसार धर्म से अधर्म के निरास (खण्डित व नष्ट) हो जाने से अर्थात् देवयोनि उत्तम जाति में प्राप्त होने को प्रतिबंधक (रोक) अधर्मों के नाश होने से प्रकृति आप ही देवयोनिरूप परिणाम होने में प्रवृत्त होती है तथा अतिशय पाप से पाप के रोकने वाले पुण्य के दूर होने से पाप निमित्त से तिर्यक्योनि आदि में प्रकृति का परिणाम होता है इसका दृष्टांत आगे सूत्र में वर्णन किया है।।2।।

निमित्तमप्रयोजकं प्रकृतीनां वरणभेदस्तु ततः क्षेत्रिकवत्।।3।।

अर्थ– निमित्त प्रकृतियों का प्रयोजक (प्रवृत्त करने वाला) नहीं है उससे आवरण भेदमात्र (केवल आडका दूर कर देना) क्षेत्रिक (खेतवाले) के समान होता है।।3।।

हिन्दी टीका–धर्म आदि निमित्त प्रकृतियों (कारणों) के प्रयोजक (प्रवर्त करने वाले) नहीं होते क्योंकि धर्म आदि प्रकृति के कार्य हैं कार्य कारण का प्रवर्तक नहीं होता जैसे बिना कुम्हार के उत्पन्न हुआ घट अपने कारण मिट्टी चक्र (चाक) दण्ड जल आदिकों का स्वतंत्र (आप से) प्रवर्तक नहीं होता। क्योंकि घट की उत्पत्ति उसके कारणों के अधीन कारण घट के अधीन नहीं है घट के कारणों का स्वतंत्र प्रवर्तक कुम्हार है। इसी

प्रकार से प्रकृतियों का स्वतंत्र प्रवर्तक ईश्वर है धर्म आदि परिणाम के निमित्त हैं प्रकृतियों के प्रयोजक अर्थात् प्रेरणा वा प्रवर्त करने वाले नहीं हैं निमित्त से केवल क्षेत्रिक (खेत वाले) के समान वरण भेद (आवरण का निवारण) होता है अर्थात् जैसे खेती करने वाला खेत में जल भर जाने पर उसके रोकने वाले जो ऊंची वा आड़ की मिट्टी है उसको दूर करता है उसके दूर होने से जल बिना किसी की प्रेरणा उस क्षेत्र से आप ही निकलकर अन्य क्षेत्र को जाकर भरता है। इसी प्रकार से धर्म ईश्वर नियम अनुसार अधर्म को जो देव जाति आदि उत्तम गतिक प्राप्त होने का आवरण (आड़ वा रोक) है निवारण करता है तब प्रकृति आप ही देव जाति आदि परिणाम में प्रवृत्त होती है और धर्म जो दुर्गति आवरण है जब अधर्म से दूर किया जाता है तब प्रकृति आप ही तिर्यग्योनि आदि में प्रवृत्त होती है। अब यह संदेह होता है कि, जब योगी बहुत शरीरों को धारण करता है तब उसका चित्त एक ही होता है या बहुत होते हैं? इसका समाधान आगे सूत्र में वर्णन करते हैं।।3।।

निर्माणचित्तान्यस्मितामात्रात्।।4।।

अर्थ– अस्मितामात्र से निर्माण चित्त होते हैं।।4।।

हिन्दी टीका–योग प्रभाव से बनाये गये चित्त का नाम निर्माण चित्त है। योगी अस्मितामात्र से निर्माण चित्तों को अपने संकल्पमात्र से निर्मित करता अर्थात् बनाता है इन निर्माण चित्तों से योगी के बनाये हुए सब शरीर चित्त संयुक्त होते हैं। अब इस सन्देह का समाधान कि बहुत चित्तों के भिन्न भिन्न अभिप्राय होने से योगी को भोग की सिद्धि नहीं हो सकती आगे सूत्र में वर्णन करते हैं।।4।।

प्रवृत्तिभेदे प्रयोजकं चित्तमेकमनेकेषाम्।।5।।

अर्थ– प्रवृत्तिभेद में एकचित्त अनेकों का प्रवृत्त करने वाला है।।5।।

हिन्दी टीका–अनेक चित्त जो योगी निर्माण करता है उन सबका प्रवर्तक नायक अपने भोग के अनुकूल प्रवृत्तिविशेष का नियामक एक चित्त विशेष निर्मित करता है उसके द्वारा इच्छा के अनुसार भोग में प्रवृत्ति होती

है अर्थात् अनेक चित्तों के प्रवृत्ति भेद में एक मुख्य चित्त जो सब चित्तों का प्रवर्तक योगी निर्माण करता है उससे सब भोगों में प्रवृत्त होता है।।5।।

तत्र ध्यानतमनाशयम्।।6।।

अर्थ– उनमें ध्यान से उत्पन्न अनाशय है।।6।।

हिन्दी टीका–जन्म, औषध, मन्त्र, तप और समाधि इन पांचों से जो सिद्धचित्त हैं उनमें जो ध्यान से उत्पन्न चित्त है वही अनाशय है अर्थात् उसकी आशय जो नाना प्रकार की वासना राग आदि हैं उनमें प्रवृत्ति नहीं होती आशयों से रहित होने से वही मोक्ष के योग्य है वा होता है।।6।।

कर्माशुक्लाकृष्णं योगिनस्त्रिविधमितरेषाम्।।7।।

अर्थ– अशुक्ल अकृष्ण कर्म योगी का व तीन प्रकार का औरों का होता है।।7।।

हिन्दी टीका–कर्म चार प्रकार के होते हैं एक कृष्ण कर्म अर्थात् पाप कर्म यथा हिंसा व्यभिचार आदि, शुक्लकर्म अर्थात् पुण्यकर्म यथा तप स्वाध्याय ध्यान आदि, तीसरे शुक्ल व कृष्णकर्म अर्थात् पाप व पुण्य मिले हुए यथा परपीडा व अनुग्रह आदि का समूह, चौथे अशुक्ल अकृष्ण अर्थात् पाप व पुण्य दोनों से रहित यह चौथा फल की इच्छारहित ईश्वर समर्पित संन्यासी क्लेश क्षीण योगी का कर्म है और पूर्वोत्तम तीन प्रकार के कर्म और संसारी विषयी प्राणियों के होते हैं।।8।।

ततस्तद्विपाकानुगुणानामेवाभिव्यक्तिर्वासनानाम्।।8।।

अर्थ– उससे (उक्त त्रिविध कर्म से) उसके विपाक के समान गुण वा योग्य गुणरूप ही वासनाओं की प्रकटता होती है।।8।।

हिन्दी टीका–उससे अर्थात् त्रिधि कर्म से इसके विपाक (फल देने के योग्य होने की अवस्था) के समान वा योग्य गुणरूप ही वासनाओं की प्रकटता होती है अर्थात् जिस जाति के कर्म का जो विपाक (फल देने योग्य होने की अवस्था) है उसके योग्य व समान गुणरूप जो वासना कर्मविपाक में सोये हुए के समान प्राप्त रहते हैं उन्हीं की प्रकटता होती है अर्थात् दैव कर्म (उत्तर कर्म) परिपाक को प्राप्त नारक (नरक वाली) तिर्यक् मनुष्य वासनाओं की प्रकटता का निमित्त नहीं होता है किन्तु दैव

कर्म विपाक के अनुगुण जो वासना हैं उन्हीं के प्रकट होने का निमित्त होता है अर्थात् दैवकर्मविपाक के योग्य ही गुण रूप वासना प्रकट होती है इसी प्रकार से नारक तिर्यङ् मनुष्यों के कर्मों के विपाक के अनुगुण ही वासनाओं का प्रकट होना जानना चाहिये क्योंकि दैवकर्म का दिव्यभोग फल होना योग्य है नरकभोग वासना आदि के प्रकट होने में दिव्य भोग का संयोग नहीं हो सकता तथा नरक व मनुष्य भोग में दिव्य स्वर्गभोग वासनाओं को होना संभव नहीं है क्योंकि उनकी प्रकटता में नरकभोग आदि का होना योग्य नहीं है इससे जिस जातिवाले कर्म का जो विपाक है उसी के योग्य गुणरूप व योग्य गुणवाली वासनाओं की प्रकटता होती है अन्यथा नहीं यह सिद्ध होता है।।8।।

जातिदेशकालव्यवहितानामप्यानन्तर्यं स्मृतिसंस्कार-योरेकरूपत्वात्।।9।।

अर्थ– **स्मृति व संस्कार के एक रूप होने से जिनके बीच में अनेक जाति, देश व कालगत हो जाते हैं उनका भी अन्तर नहीं होता अर्थात् जाति देश व काल भेद हो जाने पर भी उनमें अन्तर (भेद) नहीं होता।।9।।**

हिन्दी टीका–कर्मविपाक के समान गुणरूप वासनाओं का प्रकट होना जो वर्णन किया है उसमें यह निश्चय होना चाहिये कि जैसे व्यतीत हुए पूर्व दिन (कल) के पश्चात् जो आज का वर्तमान दिन है उसमें पूर्व दिन का स्मरण होना संभव है बहुत दिन जिसके बीच में व्यतीत हो गये हैं उसका स्मरण होना संभव नहीं है। इसी प्रकार से जिस जन्म के पश्चात् दूसरा जन्म होता है व उसके बीच में और जन्म आदि व्यतीत नहीं होते उसी पूर्व जन्म की वासना की प्रकटता होती है व उस पूर्व जन्म का स्मरण होता है अथवा बहुत जन्म आदि बीच में व्यतीत हो जाने पर भी बहुत काल पूर्व हुए जन्म की वासना की प्रकटता होती है यह निश्चय होने के लिये सूत्र में यह कहा है कि स्मृति व संस्कार के एकरूप होने से अर्थात् समान रूप होने से जाति देश व काल से व्यवहित (अन्तर को प्राप्त) जो वासना हैं उनका भी फल से (यथार्थ रूप से) अन्तर (पृथकता वा भेद) नहीं होता इसका एक दृष्टांत उपलक्षणमात्र के लिये

इस प्रकार से जान लेना चाहिये, यथा किसी काल में बिलार की वासना हुई और बीच में अनेक जन्म देश व काल का व्यवधान हो गया परन्तु फिर भी जिस कर्म को बिलार का जन्म होना फल है उसके विपाक से उस विपाक के समान वा योग्य गुणवाली बिलार ही की वासना की प्रकटता होती है इसी प्रकार से और भी उत्तम, मध्यम व निकृष्ट वासनाओं का होना जानना चाहिये क्योंकि जैसे पूर्व में अनुभव होते हैं उसी प्रकार के संस्कार चित्त में स्थित होते हैं और वह संस्कार कर्म व वासनारूप होते हैं। जैसे वासना होती है वैसी स्मृति होते हैं। जाति, देश व काल से व्यवधान को प्राप्त संस्कारों से स्मृति होती है। स्मृति से फिर संस्कार होते हैं। यह स्मृति व संस्कार कर्माशय व चित्तवृत्ति के लाभवश से प्रकट होते हैं, इससे जिन वासनाओं में जाति देश व काल से व्यवधान भी होता है उनमें निमित्त व नैमित्तिक भाव बने रहने से (कारण कार्य भाव सम्बन्ध रहने से) भेद नहीं होता संस्कार कारण रूप व स्मृति कार्य रूप है कारण व कार्य का अभेद भाव मानकर अथवा दोनों का समान विषय में सम्बन्ध होने से स्मृति व संस्कार का एक रूप (समानरूप) होना कहा है। क्योंकि जिस कर्मजाति का जो विपाक है उसी सजातीय कर्म के विपाक ही के समान वा योग्य गुणवाली संस्कार व स्मृति रूप वासनाओं के होने का नियम है विजातीय कर्म का विपाक विजातीय वासनाओं के होने वा उदय होने का निमित्त (हेतु) नहीं होता।।9।।

तासामनादित्वं चाशिषो नित्यत्वात्।।10।।

अर्थ– आशिष के नित्य होने से उनका अनादि होना भी सिद्ध होता है।।10।।

हिन्दी टीका–वासनाओं का अन्तर न होना जो वर्णन किया है उससे अधिक वासनाओं के अनादि भी होने के वर्णन में यह कहा है कि आशिष (होने वा बने रहने की प्रार्थना) के नित्य होने से उसका (वासनाओं का) अनादि होना भी सिद्ध होता है अर्थात् मैं सदा बना रहूं मरूँ नहीं ऐसा आशिष अर्थात् प्रार्थना रूप अभिलाषा व त्रास नित्य होने से वासनाओं का अनादि होना विदित होता है क्योंकि जो उत्पन्न मात्र बालक है उसमें कम्प होना व उसके मुख की आकृति बिगड़ना यह भय

के चिह्न देखने से द्वेष व दुःख की स्मृति व मरण त्रास के अनुमान होने व वर्तमान जन्म में द्वेष दुःख के अनुभव होने का कारण संभव होने से जन्मान्तर (दूसरे पूर्वजन्म) होने व वासनाओं के अनादि होने का ज्ञान होता है। जो यह कहा जाय कि उत्पन्न बालक में मुख की आकृति का बिगड़ना कांपना मुसुस्कराना दुःख व सुख के निमित्तों के स्मरण से नहीं होते कमल आदि के संकोच च विकास के समान स्वाभाविक हैं तो कमल आदि का संकोच (सिकुड़ना) विकास (फूलना) भी अग्नि आदि में गरमी आदि होने के समान निमित्त रहित स्वाभाविक नहीं हैं क्योंकि निमित्त विशेष होते हैं परन्तु जिन निमित्तों से कमल आदि के संकोच विकास आदि होते हैं उनसे व उनके समान बालक का कापना रोना मुसुस्कराना आदि होते हैं उनसे व उनके समान बालक का कांपना रोना मुसुस्कराना आदि नहीं होते किन्तु जैसे हम लोगों को भय सुख दुःख होने में मुख व शरीर के आकार होते हैं उसी प्रकार से होने से बालक को पूर्व जन्म में हुए सुख दुःख के स्मरण होने का अनुमान होता है। अब यह सन्देह है कि देह आत्मा नहीं है आत्मा अनादि मरणत्रास रहित है इससे आत्मा में स्वाभाविक मरणत्रास नहीं हो सकता यह मरणत्रास किसको होता है? उत्तर–मरणत्रास चित्त को होता है चित्त निमित्तवश से अनादि वासनाओं से बंधा है कोई वासनाओं को प्राप्त होकर पुरुष के भोग के लिये प्रवृत्त होता है छोटे व बड़े देह परिणाममात्र में चित्त का संकोच विकास होना घट व महल में प्रदीप के प्रकाश के संकोच विकास होने के समान है धर्म आदि निमित्त की अपेक्षा से इस विभुरूप चित्त का वृत्ति मात्र से शरीरमात्र से संकोर विकास होता है निमित्त दो प्रकार का होता है बाह्य व आध्यात्मिक, शरीर आदि साधन की अपेक्षा जिसमें है वह बाह्य हैं स्तुति, दान, वन्दन आदि चित्तमात्र के अधीन जो श्रद्धारूप है वह आध्यात्मिक है अब अनादि वासंनाओं की निवृत्ति किस तरह होती है उसका आगे सूत्र में वर्णन करते हैं।।10।।

हेतुफलाश्रयालम्बनैः संगृहीतत्वादेषामभावे तदभावः।।11।।

अर्थ– हेतु, फल, आश्रय व आलम्बनों से संगृहीत होने से इनके अभाव होने में उनका अभाव होता है।।11।।

हिन्दी टीका–हेतु आदि के उदाहरण ये हैं यथा धर्म से सुख, अधर्म से दुःख, सुख से राग और दुःख से द्वेष होता है इससे धर्म आदि सुख आदि के हेतु (कारण) हैं। राग द्वेष से प्रयत्न होता है उससे किसी पर अनुग्रह करता है किसी पर क्रोध करके उसको नाश करता है ऐसा करने से फिर धर्म अधर्म, सुख दुःख, राग व द्वेष होते हैं इन सबका मूल हेतु अविद्या है जिसमें आश्रित होकर जो उत्पन्न होता है वह उसका फल है, यथा धर्म आदि के सुख भोग आदि फल हैं भोग अधिकार संयुक्त मन आश्रय है, क्योंकि मन में ये सब आश्रित रहते हैं, जिसके सन्मुख होने से जो वासना प्रकट होती है वह उस वासना का आलम्बन है यथा कामिनी काम उत्पन्न होने की आलम्बन है इत्यादि इससे रूप आदि विषय आलम्बन हैं इन हेतु फल, आश्रय आलंबनों से (आलम्बनों के साथ) सब वासना संगृहीत हैं इससे इनके अभाव होने से इनमें आश्रित जो वासना है उन का भी अभाव होता है।।11।।

अब यह संशय होता है कि असत् का भाव व सत् का नाश नहीं होता फिर सत् वासनाओं का अभाव कैसे होगा इसका समाधान आगे वर्णन करते हैं :

अतीतानागतस्वरूपतो ऽस्त्यध्वभेदाद्धर्माणाम्[1]।।12।।

अर्थ– धर्मों के अध्वभेद होने से अतीत अनागत स्वरूप से है।।12।।

हिन्दी टीका–असत् का संभव (उत्पन्न होना) व सत् का विनाश नहीं होना यह मानने के लिये इस अभिप्राय से कि जो सत् धर्म है उन्हीं का अध्वभेद मात्र से उदय व नाश होना समझना चाहिये, सूत्र में यह कहा है कि धर्मों के अध्वभेद होने से अतीत[2] व अनागत स्वरूप से (अपने रूप से) है अर्थात् जो ऐसा माना जाय कि अतीत अनागत सत् नहीं है तो ऐसा मानना यथार्थ नहीं है क्योंकि जो अतीत अनागत न होते तो निर्विषय (शून्यरूप) अतीत व अनागत का ज्ञान उत्पन्न न होता और बिना अतीत अनागत (भूत व भविष्यत्) भेद के वर्तमान होने का भी ज्ञान न

1. अतीतानागतं स्वरूप इति पाठान्तरम्।
2. जो हो गया है वह अतीत है जो होने वाला है वह अनागत और जो अपने व्यापार में आरूढ है अर्थात् हो रहा है वह वर्तमान है।

होता इससे अतीत अनागत स्वरूप से सत् है और भोग प्राप्त करने वाले अथवा मोक्ष प्राप्त करने वाले कर्मों के फल प्राप्त होने की इच्छा की जाती है, जो असत् है तो धर्म आदि के उद्देश्य से उत्तम अनुष्ठान योग्य नहीं मानना चाहिये, क्योंकि जो सत् है वही फल का निमित्त होता है व हो सकता है, अनेक धर्म स्वभाववाला जो धर्मी है उसके अंग भेद से उससे धर्म होते हैं जिस प्रकार से वर्तमान व्यक्ति विशेष को प्राप्त द्रव्य है इस प्रकार से अतीत अनागत नहीं है, अनागत अपने व्यङ्गस्वरूप से प्राप्त होता है और अतीत अपने पूर्व में हुए स्वरूप से व्यतीत होता है।।12।।

जो यह संशय हो कि जो अतीत अनागत वर्तमान के समान व्यक्ति विशेष संयुक्त नहीं है तो उनका स्वरूप क्या है? इसका समाधान आगे सूत्र में वर्णन करते हैं :

ते व्यक्तसूक्ष्मा गुणात्मानः।।13।।

अर्थ– वह व्यक्त व सूक्ष्मरूप गुणात्मा (गुण स्वरूपवाले) हैं।।13।।

हिन्दी टीका–तीन अध्ववाले जो धर्म हैं, उनमें से वर्तमान व्यक्तरूप है और अतीत अनागत सूक्ष्म रूप है परमार्थ रूप से तीनों गुणात्मा हैं अर्थात् गुण स्वरूप हैं गुणों का जो परम सूक्ष्म रूप है वह दृष्टि में नहीं आता अर्थात् उसका प्रत्यक्ष नहीं होता और जो दृष्टि में आता है वह सब मायारूप तुच्छ प्रतिक्षण परिणाम को प्राप्त होने वाला क्षणविध्वंसी है। अब यह संशय है कि जैसे मिट्टी दूध सूत भिन्न भिन्न पदार्थों का एक परिणाम नहीं होता इसी प्रकार से बहुत गुणों का एक परिणाम न होना चाहिये। इसका उत्तर यह है कि बहुतों का भी एक परिणाम होता है यथा बत्ती तेल का एक दीप परिणाम होता है; लवण क्षेत्र में फेंके गये जो गज अश्व आदि के शरीर हैं उन सबके एक लवण परिणाम होता है इत्यादि एक परिणाम होने की आगे सूत्र में वर्णन करते हैं।।13।।

परिणामैकत्वाद्वस्तुत्वम्।।14।।

अर्थ– परिणाम एक होने से एक वस्तु होना अंगीकार होता है।।14।।

हिन्दी टीका–ज्ञानक्रिया व स्थिति स्वभाव वाले ग्रहणरूप गुणों का कारण भाव से एक परिणाम यथा श्रोत्र (कान) इन्द्रिय आदि ग्राह्य रूप

शब्द आदि विषयों का विषयभाव से एक परिणाम है। पार्थिव (पृथिवी के कार्य) भाव से गौ वृक्ष पर्वत आदि का एक परिणाम है इसी प्रकार से अन्यत्र जानना चाहिये अर्थात् इसी प्रकार से एक विशेष भात्र से एक परिणाम होने का ग्रहण व अंगीकार होता है अब कोई यह कहते हैं कि जो कुछ विदित होता है वह सब विज्ञान का भेद है अर्थ कुछ नहीं है क्योंकि विज्ञान (बोध) से भिन्न अर्थ का होना सिद्ध नहीं होता बिना अर्थ के विज्ञान का होना विदित होता है, यथा स्वप्न आदि में जो कल्पित वस्तुओं का होना भासित होता है वह ज्ञान परिकल्पना मात्र है इसी प्रकार से जाग्रत् में जानना चाहिये परमार्थ से वस्तु वा अर्थ कुछ नहीं है इसके प्रतिषेध के लिये अर्थात् विज्ञान से अर्थ पृथक् है यह प्रतिपादन के लिये विज्ञान व अर्थ के भिन्न होने का हेतु आगे सूत्र में वर्णन करते हैं।।14।।

वस्तुसाम्येऽपि[1] चित्तभेदात्तयोर्विभक्तः पंथाः।।15।।

अर्थ– वस्तु के सम होने (एक ही होने) में भी चित्त के भेद होने से दोनों का मार्ग भिन्न है अर्थात् दोनों के स्वरूप भिन्न हैं।।15।।

हिन्दी टीका–वस्तु के एक होने में भी चित्तमात्र के भेद होने से चित्त व वस्तु के स्वरूप भिन्न हैं दोनों का एक होना सिद्ध नहीं होता जैसे एक ही स्त्री में पति को सुख, सवति को दुःख, कामी को मोह, ज्ञानी को निष्काम विराग होने का ज्ञान होता है इत्यादि एक ही पदार्थ में चित्तों के भेद होते हैं, इस प्रकार से निमित्त भेद से एक भी अर्थ में भिन्न भिन्न ज्ञान होने से वस्तु वह ज्ञान ग्राह्य ग्रहण भेदरहित स्वरूप से भिन्न हैं। इस पर विज्ञानवादी यह कहते हैं कि अर्थ का पृथक् (भिन्न) मानना यथार्थ नहीं है, भोग्य होने से सुख आदि के समान ज्ञान के साथ ही अर्थ है, ज्ञान से भिन्न अर्थ नहीं है, यदि ज्ञान से भिन्न भी होय तो जड़ होने से ज्ञान से पृथक् सिद्ध नहीं हो सकता ज्ञान ही से जाना जाता है, इससे जिस समय तक ज्ञान होता है उसी समय में अर्थ के होने का प्रमाण है पश्चात् प्रमाण के अभाव से अर्थ कुछ नहीं है इसके उत्तर में अर्थ के पृथक् होने का अन्य (दूसरा) प्रमाण वर्णन करते हैं।।15।।

---

1. वस्तु साम्ये चित्तभेदादिति पाठः।

न चैकचित्ततन्त्रं वस्तु तदप्रमाणकं तदा किं स्यात्॥16॥

अर्थ– एक चित्ततंत्र (चित्त अधीन) भी वस्तु नहीं है तब वह क्या प्रमणरहित हो अर्थात् प्रमाणरहित न मानना चाहिये॥16॥

हिन्दी टीका–तो एकचित्त तन्त्र अर्थात् एक चित्त अधीन ज्ञान रूप ही वस्तु (अर्थ) होती तो तब घट ग्रहण करनेवाला चित्त कपड़ा आदि अन्यवस्तु में मग्न होकर घट में प्रवृत्त नहीं होता तब वह घट किसी को प्रत्यक्ष न होना चाहिये और जो किसी चित्त से ग्रहण न किया जाता तो वस्तु का प्रमाण रहित असत् मानना यथार्थ होता, परन्तु ऐसा नहीं होता क्योंकि जिस वस्तु का एक चित्त में बोध नहीं होता वह दूसरे चित्त से जाना जाता है इससे वस्तु को प्रमाणरहित न मानना चाहिये और जो यही माना जाय कि जिसमें चित्त प्रवृत्त होता है वही अर्थमात्र सत् व प्रमाणयुक्त है तो जिससे जिसका व्याप्य-व्यापक सम्बन्ध है उसमें सम्बन्ध वाले पदार्थ का अवयव से अवयवी आदि का ज्ञान न होना चाहिये। यद्यपि जो जो (पहले) का भाग है वह मध्य व परभाग से व्याप्त है अथवा मध्य व परभाग के साथ सम्बन्ध को प्राप्त है। परन्तु उक्त हेतु से जब चित्त से पहिले भाग का ज्ञान होवे तब मध्य व परभाग नहीं है ऐसा सिद्ध होता है और ऐसा मानना चाहिये क्योंकि जो चित्त से अज्ञात है अर्थात् ग्रहण नहीं किया गया वह प्रमाण रहित असत् है अर्थात् नेत्रद्वारा उदरमात्र मे ज्ञान होने के समय में पृष्टि नहीं है इसी प्रकार से पृष्टि देखने के समय वा ऊपर के परमाणु मात्र दृष्ट होने में व्याप्यव्यापक सम्बन्ध के अभाव से उदर भी कुछ नहीं है ऐसा मानना होगा परन्तु ऐसा अंगीकार नहीं होता क्योंकि यह अनुभव ज्ञानविरुद्ध व अयुक्त है इससे चित्ततन्त्र अर्थ (वस्तु) नहीं है अर्थ स्वतन्त्र है और चित्त स्वतन्त्र है दोनों के सम्बन्ध से जो बोध होता है वह पुरुष का भोग है॥16॥

तदुपरागापेक्षितवाच्चित्तस्य वस्तुज्ञाताज्ञातम्॥17॥

अर्थ– चित्तके उसके (वस्तुविषय के) उपराग का अपेक्षी (अपेक्षा रखने वाला) होने से वस्तु[1] ज्ञात व अज्ञात होती है॥17॥

1. यद्यपि वस्तु शब्द नपुंसकलिंग है और नपुंसकलिंक का व्यवहार पुंलिङ्ग के समान होता है परन्तु वस्तु को संप्रति प्रचलित भाषा में स्त्री के समान कहते हैं इससे स्त्रीलिंग की क्रिया भाषा में रखी है।

हिन्दी टीका—वस्तु का ज्ञान होने के लिये चित्त का वस्तु के साथ उपराग होने की अपेक्षा रहती है जिस वस्तु के साथ चित्त उपरागयुक्त होता है उसका जानता है अन्य को नहीं। अयस्कान्तमणि अर्थात् चुम्बक के समान वस्तु वा विषय है जैसे जड़ चुम्बक लोहे को अपनी तरफ खींचता है इसी अकार से जो विषय वा वस्तु चित्त को आकर्षण करके अपने उपराग (प्रीति वा अभिलाषा) युक्त करती है अर्थात् जिस वस्तु के साथ चित्त उपरागयुक्त इन्द्रिय द्वारा सम्बन्ध को प्राप्त होता है वह ज्ञात होती है उससे पृथक् (भिन्न) अज्ञात रहती है। वस्तु के ज्ञात और अज्ञात होने से चित्त का परिणामी (बदलनेवाला) होना सिद्ध होता है।।17।।

सदा ज्ञाताश्चित्तवृत्तयस्तत्प्रभोः
पुरुषस्यापरिणामित्वात्।।18।।

अर्थ— उसके प्रभु के परिणामी न होने से चित्त की वृत्तियां सदा ज्ञात होती हैं।।18।।

हिन्दी टीका—जो चित्त के समान प्रभु पुरुष है उसका परिणाम होता तो चित्त की वृत्तियाँ जो उसके विषय हैं वह शब्द आदि विषयों के समान ज्ञात व अज्ञात होतीं परन्तु चित्त की वृत्तियों का चित्त के सदा ज्ञात होने से उसके (चित्त के) प्रभु पुरुष के परिणामी न होने का अनुमान होता है क्योंकि जो प्रभु परिणाम को प्राप्त होता तो चित्त के सदा ज्ञात होने की उपलब्धि न होती। पुरुष परिणामरहित है, इससे वह सदा मन वा चित्त को जानता है अर्थात् जो पुरुष परिणाम को प्राप्त होता तो भूतकाल में भोग को प्राप्त हुए विषय को स्मरण न कर सकता क्योंकि जिस पुरुष ने भोग किया था वह न रहता तथा अपने चित्त की वृत्तियों को सदा न जान सकता। भूतकाल के विषयों के स्मरण व सदा वृत्तियों के ज्ञात होने से पुरुष का परिणाम नहीं होता यह सिद्ध होता है।।18।।

अब यह जानने के लिये कि चित्त अग्नि के समान अपने ही प्रकाश से प्रकाशित होता है या नहीं? इसका सिद्धान्त आगे वर्णन करते हैं :

न तत्स्वाभासं दृश्यत्वात्।।19।।

अर्थ— दृश्य होने से वह अपने प्रकाश से प्रकाशित नहीं होता।।19।।

हिन्दी टीका–जैसे अन्य इन्द्रिय व शब्द आदि दृश्य होने से आपसे प्रकाशित नहीं होते इसी प्रकार से दृश्य होने से वह अर्थात् उक्त चित्त वा मन आप से प्रकाशित नहीं होता उसका प्रकाशक पुरुष है, अग्नि के समान अपने प्रकाश से प्रकाशित होने का दृष्टांत चित्त में युक्त नहीं है, ज्ञान रूप प्रकाश बिना प्रकाश्य व प्रकाशक (ज्ञाता व ज्ञेय) के सम्बन्ध नहीं होता। यह प्रकाश क्रिया बिना कर्ता करण व कर्म के नहीं होती। यथा पकाने की क्रिया बिना पकाने वाले व अग्नि व तण्डुल (चावल) आदि के नहीं होती इसी प्रकार से जीवों को अपने चित्त वा बुद्धि के व्यापार व प्रकाश्य (ज्ञेय) वस्तु के संयोग ही से ऐसा बोध होता है कि मैं क्रोध को प्राप्त हूं, मैं डरता हूं, मैं आनन्द को प्राप्त हूं, इसमें मेरी प्रीति है, इसमें मेरा द्वेष है, इत्यादि।।19।।

एक समये चोभयानवधारणम्।।20।।

अर्थ– और एक समय में दोनों का धारण नहीं होता।।20।।

हिन्दी टीका–एक समय में अपने व पर के रूप का धारण नहीं होता इसमें भी भेद होना प्रतीत होता है अर्थात् अपने स्वरूप (आत्मज्ञान) व परस्वरूप (चित्त व विषय का ज्ञान) एक समय में एक ही व्यापर से नहीं होता जब अविद्या से चित्त में प्राप्त क्रोध आदि को अपने में मानता है तब अपने स्वरूप को नहीं जानता और विवेक से अपने को जानता है इससे प्रकाशक प्रकाश्य और व्यापार भेद होना विदित होता है।।20।।

चित्तान्तरदृश्यत्वे[1] बुद्धिबुद्धेरतिप्रसङ्गः स्मृतिसङ्करश्च।।21।।

अर्थ– अन्य चित्त के दृश्य (ज्ञेय) होने में बुद्धि से बुद्धि का अति प्रसंग व स्मृतिसंकर (स्मृतियों का मेल) होता है।।21।।

हिन्दी टीका–जो चित्त से भिन्न कोई पदार्थ न माना जाय चित्त ही द्रष्टा (ज्ञाता) व चित्त ही दृष्य (ज्ञेय) अंगीकार किया जाय अर्थात् एक चित्त द्रष्टा व अन्य चित्त दृश्य माना जाय तो नीलाकार वा नीलरूप चित्त व जिस किसी चित्त का दृश्य है व नीलरूप होने की बुद्धि सब चित्त रूप

1. चित्तान्तरदृश्ये इति पाठान्तरम्।

ही हैं इससे बुद्धिरूप चित्त का भी अन्य बुद्धि से ग्रहण किया जाना मानना चाहिये तथा वह अन्य बुद्धि से और वह भी अन्य बुद्धि से इस प्रकार से सम धर्मवाली बुद्धियों वा समधर्म व सजातीय चित्तों का दूसरे से ग्रहण किया जाना अंगीकार करते जाने में अनवस्था दोष होने से कोई एक विशेष ग्राहक अन्तवाला चित्त होने का प्रमाण नहीं हो सकता। ग्राहकचित्त व ग्राह्य चित्त के यथार्थ निश्चय होने घर में घट देखा वा नहीं इस संशय से देखने का प्रमाण होना संभव नहीं है और अर्थ व निश्चय के भिन्न होने का निश्चय होने से ज्ञान चित्तों का निश्चय न होना अर्थों के निश्चय न होने का कारण होने से अनन्त बुद्धियों (ज्ञानों) का अति प्रसंग और अनन्त चित्तों के अनुभव में अनन्त स्मृतियों का संकर (मेल) प्राप्त होगा। अनन्त के ग्रहण करने में कोई एक समर्थ न होने से ग्राहक का अभाव होगा ग्राहक के अभाव से यह नील चित्त स्मृति है यह पीत चित्त स्मृति है यह विभाव नहीं हो सकता, इससे ग्राह्य व ग्राहक के असंभव होने से कोई चित्त से पृथक् चेतन पुरुष का स्वामी भोक्ता होना विदित होता है।।21।।

चितेरप्रतिसंक्रमायास्तदाकारापत्तौ
स्वबुद्धिसंवेदनम्।।22।।

अर्थ– चिति शक्ति जो अप्रतिसंक्रमा (परिणामरहित) है उसका उसके आकार में प्राप्त होने में अर्थात् बुद्धि के आकार (रूप) में प्राप्त होने में अपनी बुद्धि का संवेदन (जानना) कहा जाता है।।22।।

हिन्दी टीका–पुरुष की जो चिति (ज्ञानरूप) भोक्ता होने की शक्ति अप्रतिसंक्रम है अर्थात् परिणामरहित है उसका जो बुद्धि के आकार को प्राप्त होना है अर्थात् क्रिया से अनेक परिणाम को प्राप्त होने वाली जो बुद्धि है उसके समान भासित होना है यही पुरुष के अपनी बुद्धि का संवेदन कहा जाता है अर्थात् यही विशेषणरहित बुद्धि वृत्तिरूप पुरुष की ज्ञानवृत्ति कही जाती है। यद्यपि चिति शक्ति के बुद्धि आकार होने में कोई टीकाकार जल में चन्द्र के प्रतिबिम्ब भासित होने के समान उपमा देते हैं परन्तु यह युक्त नहीं है क्योंकि प्रतिबिम्ब मूर्तिमान् साकार पदार्थ में होता

है चिति व बुद्धि निराकार पदार्थ है इससे सूत्र में जो आकारशब्द है वह समरूप वा समभाव होने के अर्थ में समझना चाहिये। निराकार आकाश का जल में भासित होने के समान जो चिति व बुद्धि की उपमा दी जावे तौ ग्रहण योग्य हो सकती है।।22।।

द्रष्टृदृश्योपरक्तं चित्त सर्वार्थम्।।23।।

अर्थ– **द्रष्टा व दृश्य से उपरक्त (राग को प्राप्त) चित्त सर्वार्थ है अर्थात् सब अर्थरूप है।।23।।**

हिन्दी टीका–चेतन पुरुष द्रष्टा है शब्द स्पर्श आदि विषय अचेतन दृश्य हैं ये सब चेतन अचेतन चित्त के विषय होते हैं इसमें से जिसमें चित्त उपरक्त होता है वा जिसके साथ सम्बंध संयुक्त होता है उसी के आकार से भासित होता है इससे चित्त सर्व अर्थ रूप है, जब चित्त द्रष्टा (पुरुष) से उपरक्त होता है तब द्रष्टा के आकार से भासित होता है इन्द्रिय आदि के द्वारा जब दृश्य से उपरक्त होता है तब दुःख भोग रूप दृश्य रूप से भासित होता है जैसे स्फटिक मणि में जिस राग वा रूप का आभास पड़ता है उसी रूप से भासित होती है इसी प्रकार से चित्त को समझना चाहिये यद्यपि चित्त व स्फटिक मणि की उपमा में साकार आकारा होने से अयोग्य होने की शंका हो सकती है परन्तु तत्त्व रूप से न होने व अयथार्थ भासित होने मात्र में साधर्म्य मानकर अंगीकार करना चाहिये एक अंश में जिससे उपमा का प्रयोजन जो समधर्म होने से उपमा का यथार्थ होना मान लिया जाता है, अब चेतन व अचेतन स्वरूप को प्राप्त चित्त के स्वरूप में बहुत भ्रम को प्राप्त है। कोई चित्त ही को चेतन मानते हैं, कोई चित्त ही मात्र को सब मानते हैं यथा कोई वैनाशिक बाह्य अर्थ को भी मानते हैं, कोई विज्ञान ही मात्र को मानते हैं और अर्थ कुछ नहीं है यह कहते हैं, परन्तु यह यथार्थ नहीं है चित्त भोग्य है व भोक्ता पुरुष उससे पृथक् है जैसा कि पूर्व ही वर्णन हो चुका है।।23।।

तदसंख्येयवासनाभिश्चित्रमपि परार्थ संहत्यकारित्वात्।।24।।

अर्थ– **वह असंख्येय वासनाओं से विचित्र भी संहत्यकारित्व से पर के निमित्त है।।24।।**

हिन्दी टीका—वह अर्थात् चित्त असंख्येय वासनाओं से विचित्र भी है तथापि संहत्यकारित्व जो देह व इन्द्रियों का मेल है उससे पर जो पुरुष है उसके भोग व अपवर्ग के निमित्त है, अपने भोग के निमित्त नहीं है व पुरुष संहत्यकारित्व से रहित है नित्य शुद्ध ज्ञानमय है, जैसे गृहस्वामी गृह में प्राप्त सम्पूर्ण चित्र विचित्र पदार्थों को भोग करता है परन्तु सब पदार्थों से भिन्न होता है इसी प्रकार से सुख दुःख रूप भोग व अपवर्ग का भोग करने वाला पुरुष सब इन्द्रियों व विषयों से पृथक् है।।24।।

विशेषदर्शिन आत्मभावभवनाविनिवृत्तिः।।25।।

अर्थ— विशेष दर्शी (ज्ञानी) को आत्माभाव की भावना होना निवृत्ति है।।25।।

हिन्दी टीका—जैसे वर्षा होने में तृण व अंकुर के जमने से तृण अंकुर के बीज के सत्ता का अनुमान होता है इसी प्रकार से जिसको मोक्ष मार्ग के सुनने से आनन्द अश्रुपात व रोभहर्ष होय उसमें विशेष दर्शन अर्थात् जो विवेक, अज्ञान, मोक्ष प्राप्त करने वाला व सब क्लेश कर्म से निवृत्त करने वाला है उसके सत्ता का अर्थात् उसके विद्यमान होने का अनुमान किया जाता है। विशेषदर्शी (ज्ञानी) को आत्मभाव की भावना होना क्लेश व कर्म की निवृति रूप है उसके होने से सम्पूर्ण क्लेश व कर्म निवृत्त हो जाते हैं। आत्मभाव की भावना से इस निर्णय में रुचि होती है कि मैं कौन था? कैसा था? यह क्या है? किस प्रकार से है? मैं कौन होऊंगा और कैसे किस दिशा में हूँगा? यह विचार व भावना विशेष दर्शी को निवृत्त करती है क्योंकि चित्त ही का विचित्र परिणाम होता है। पुरुष अविद्या के नाश हो जाने में चित्त के धर्मों से रहित शुद्ध स्वरूप होता है।।25।।

तदा विवेकनिम्न कैवल्यप्राम्भार चित्तम्।।26।।

अर्थ— तब कैवल्य (मोक्ष) के पूर्व ही चित्त विवेकनिम्न (विवेक से गंभीर) होता है अर्थात् विवेकयुक्त होता है।।26।।

हिन्दी टीका—अब ज्ञानी विषय वासनाओं रहित आत्मभाव की भावना से कर्म से निवृत्त होता है तब उसका चित्त जो विषयभोग में आसक्त अज्ञान

निम्न था वह मोक्ष होने से पहिले विवेकज्ञान (विवेक से उत्पन्न) निम्न होता है अर्थात् पूर्ण विवेकज्ञान में निश्चल स्थिर वा आश्रित होता है।।26।।

तच्छिद्रेषु प्रत्ययान्तराणि संस्कारेभ्यः।।27।।

अर्थ– **उसके छिद्रों में अर्थात् विवेक भेद होने के क्षणों वा समयों में संस्कारों से अन्य प्रत्यय होते हैं।।27।।**

हिन्दी टीका–विवेक निम्न चित्त में विवेक में भेद होने के समयों में पूर्व संस्कारों से (व्युत्थान संस्कारों से) मैं हूँ, यह मेरा है मैं जानता हूँ, मैं नहीं जानता, अज्ञानी हूँ, इत्यादि ऐसे अन्य प्रत्यय उत्पन्न होते हैं।।27।।

हानमेषां क्लेशवदुक्तम्।।28।।

अर्थ– **इनका हान (नाश) क्लेशों के समान कहा गया है।।28।।**

हिन्दी टीका–जिस ज्ञानी का विवेक परिपक्व हो गया है उसके व्युत्थान संस्कार क्षीण हो जाने से अन्य प्रत्ययों के अर्थात् फिर क्लेश व व्युत्थान प्रत्यय को उत्पन्न करने को समर्थ नहीं होते इससे यह कहा है कि इनका अर्थात् जिनका बीज नष्ट हो गया है ऐसे पूर्व व्युत्थान संस्कारों का नाश क्लेशों के समान कहा गया है अर्थात् जैसे विवेक छिद्रों में उत्पन्न हुए भी क्लेश अन्य संस्कार को उत्पन्न नहीं करते इसी प्रकार से व्युत्थान संस्कार भी अन्य संस्कार को उत्पन्न नहीं करते। जो सब तत्त्वों व पुरुष को यथार्थ रूप से जानने का विवेक स्वरूप से ज्ञान है उसको प्रसंख्यान कहते हैं। प्रसंख्यान को व्युत्थान संस्कारों के निरोध का उपाय वर्णन करके अब प्रसंख्यान के भी निरोध का उपाय वर्णन करते हैं।।28।।

प्रसंख्यानेप्यकुसीदस्य सर्वथाविवेकख्यातेर्धर्ममेघः[1] समाधः।।29।।

अर्थ– **प्रसंख्यान में अकुसीद को अर्थात् कुत्सित विषय प्रीति से रहित को सर्वथा विवेक ख्याति से धर्म मेघ समाधि होती है।।29।।**

हिन्दी टीका–प्रसंख्यान ज्ञान में भी जो अकुसीद है अर्थात् जो प्रसंख्यान

1. कैवल्यफलरूपमशुक्लाकृष्णधर्मं मेघतीति धर्ममेघः।

में प्राप्त सिद्धि आदिकों की इच्छा नहीं करता उनको भी अंतवान् मानकर कुत्सित विषय प्रीति से रहित है उसकी सर्वथा विवेक ख्याति से धर्म मेधसमाधि जिसमें केवल अशुक्ल अकृष्ण धर्म जिसको कैवल्य फल है ऐसी समाधि प्राप्त होती है और संस्कार बीज के नाश हो जाने से फिर अन्य प्रत्यय की उत्पत्ति नहीं होती।।29।।

ततः क्लेशकर्मनिवृत्तिः।।30।।

अर्थ– उससे क्लेश कर्म की निवृत्ति होती है।।30।।

हिन्दी टीका–उससे धर्ममेध समाधि लाभ होने से सम्पूर्ण क्लेश कर्म की निवृत्ति हो जाती है अर्थात् क्लेश के मूल कर्माशय का नाश हो जाता है। क्लेश कर्म के निवृत्त होने से ज्ञानी जीवन्मुक्त होता है फिर उसका जन्म नहीं होता क्योंकि उत्पन्न होने का कारण अज्ञान व कर्माशय का नाश होता है कारण के नाश होने से कार्यरूप जन्म नाश होता है अर्थात् फिर जन्म की प्राप्ति नहीं होती।।30।।

तदा सर्वावरणमलापेतस्य ज्ञानस्यानन्त्याज्ज्ञेय-मल्पम्।।31।।

अर्थ– तब सम्पूर्ण क्लेश कर्मरूप आवरण मल से रहित योगी का ज्ञान अनन्त होता है ज्ञान के अनन्त होने से ज्ञेय (जानने के योग्य) जो सम्पूर्ण पदार्थ हैं वह अल्प जान पड़ते हैं।।31।।

अर्थ स्पष्ट है।।31।।

ततः कृतार्थानां परिणामक्रमसमाप्तिगुणानाम्।।32।।

अर्थ– उससे कृतार्थ गुणों के परिणाम क्रम की समाप्ति होती है।।32।।

हिन्दी टीका–उससे धर्ममेध समाधि के उदय होने से कृतार्थ गुणों के परिणाम क्रम की समाप्ति होती है अर्थात् जिस ज्ञानी के प्रति गुण कृतार्थ हो चुके हैं उस ज्ञानी प्रति फिर गुण प्रवृत्त नहीं होते। अभिप्राय यह है कि भोग व अपवर्ग के निमित्त गुणों की प्रवृत्ति होती है। जिस ज्ञानी को भोग होने से अनन्तर विवेक वैराग्य से जीवन्मुक्त होने की अवस्था प्राप्त हुई उस ज्ञानी में कृतार्थ हो जाने से फिर क्षणभर भी गुण स्थिर नहीं हो

सकते अर्थात् अंत होने की अवस्था को प्राप्त हो फिर उसमें प्रवृत्त नहीं होते।।32।।

क्षणप्रतियोगी परिणामापरान्तनिर्ग्राह्यः क्रमः।।33।।

अर्थ– क्षण प्रतियोगी अर्थात् जिसमें पूर्व पूर्वक्षणों के अभाव होने के पश्चात् अन्य अन्य उत्तर क्षणों के होने का सम्बन्ध रहता है वह क्रम परिणाम के अंत से ग्रहण के योग्य है।।33।।

हिन्दी टीका–परिणाम का क्रम परिणाम के अंत से ग्रहण योग्य है यह कहने का अभिप्राय यह है कि, अन्त में जो परिणाम विशेष का प्रत्यक्ष होता है उससे पूर्व क्षण से पर क्षण बदलते जाने के क्रम का बोध होता है जैंसे प्रयत्न से रखे जाने पर भी नये वस्त्र का कालान्तर में पुराना हो जाना विदित होता है यह पुराना परिणाम का अंत है इससे यह अनुमान किया जाता है कि इस पुराना होने के प्रत्यक्ष होने से पहले भी क्षण-क्षण में सूक्ष्म-सूक्ष्म पुरानता जो प्रत्यक्ष नहीं हुई होती गई है बहुत वा स्थूल होने में अब विदित हुई है वा होती है इसी प्रकार से स्थूल से सूक्ष्म होने में क्षण क्षण प्रति सूक्ष्मरूप से कुछ कुछ सूक्ष्मता होने का व अधिक होने पर उसके प्रत्यक्ष होने का व सूक्ष्म से स्थूल होने आदि में क्षण क्षण में सूक्ष्म रूप कुछ कुछ स्थूलता होते जाने व अंत में स्थूलता अधिक होने पर उसके प्रत्यक्ष होने का अनुमान किया जाता है जैसे स्थूल शरीर का भोजन की न्यूनता वा अन्य कारण से जो कृश (दुबला) होना व लघु बालक को मास वा वर्ष के पश्चात् देखने में जो उसके शरीर का बढ़ना विदित होता है उसका प्रत्यक्ष होने ही के समय में होना अनुभव से सिद्ध नहीं होता पूर्व ही से जो क्षण क्षण प्रतिदिन आदि में न्यूनता व अधिकता होती है वह स्थूल होने पर विदित होती है। सूक्ष्मरूप होने से क्षण क्षण व दिन-दिन प्रति जो बाल के शरीर में युवा अवस्था पर्यत वृद्धि होती है वह क्षण-क्षण व दिन-दिन प्रति विदित नहीं होती। यह सूक्ष्म रूप से क्षण क्षण परिणाम होते जाना क्रम है अर्थात् परिणाम का क्रम है यह परिणाम नित्य है जो यह संशय हो कि, क्षण क्षण में रूपान्तर होने से नित्य कैसे हो सकता है? इसका उत्तर यह है कि, नित्यता दो प्रकार की है एक कूटस्थ नित्यता जो एक रस परिणाम रहित होने की नित्यता है दूसरी

परिणाम नित्यता पुरुषता को कूटस्थ नित्यता है बुद्धि आदि गुण धर्मों को परिणाम नित्यता है, परिणाम को प्राप्त हो जाने पर भी जिसमें तत्त्व का नाश नहीं होता वह नित्य कहा जाता है पुरुष व गुण दोनों के तत्त्व के नाश न होने से दोनों नित्य हैं। अब यह प्रश्न उदय होता है कि स्थिति व गति के साथ गुणों में वर्तमान जो यह संसार है। इसके क्रम की समाप्ति है अथवा नहीं? यह प्रश्न अवचनीय है, प्रश्न के तीन प्रकार के भेदों में से एक यह अवचनीय है। वे तीन ये हैं–एक एकान्त वचनीय जिसका उत्तर एक ही प्रकार का होता है। दूसरा विभज्य वचनीय जिसका उत्तर विभाग से कहने योग्य होता है। तीसरा अवचनीय जिसका उत्तर एकान्त रूप से एक प्रकार से कहने योग्य नहीं होता जैसे क्या सब जगत् जो उत्पन्न है मरेगा? उत्तर सब मरेगा, यह एकान्त वचनीय है क्या जो जो मरेगा सब उत्पन्न होगा? उत्तर केवल जिसको ज्ञान उदय हुआ है व तृष्णारहित हो गया है वह उत्पन्न न होगा अन्य उत्पन्न होगा तथा मनुष्य जाति उत्तम है वा नहीं? उत्तर है मनुष्य जाति पशुओं से उत्तम है देवता व ऋषियों से उत्तम नहीं है यह विभज्य वचनीय है। यह संसार अन्तवान् है? वा अनन्त है? यह अवचनीय है क्योंकि दो में से एक विशेष कहने योग्य नहीं है परन्तु आगम प्रमाण (शब्द प्रमाण) से इसका उत्तर यह है कि; ज्ञानी को संसार क्रम की समाप्ति है अर्थात् ज्ञानी को संसार अन्त को प्राप्त होता है अज्ञानी को नहीं होता, ज्ञानी संसार क्रम के समाप्त होने पर अर्थात् संसार के अंत होने पर मुक्त हो कैवल्य पद को प्राप्त होता है।।33।।

अब कैवल्य का क्या लक्षण हैं आगे सूत्र में वर्णन करते हैं :

पुरुषार्थशून्यानां गुणानां प्रतिप्रसवः कैवल्यं स्वरूपप्रतिष्ठा वा चितिशक्तिरिति।।34।।

इति श्रीपातञ्जले योगशास्त्रे कैवल्यनिरूपणं नाम तुरीयः पादः।।4।।

पादचतुष्टयसूत्राणां समष्टिसंख्या115।।

अर्थ– पुरुषार्थ से शून्य गुणों का लय होना अथवा चितिशक्तिमात्र केवल्य स्वरूप की प्रतिष्ठा (अवस्था) है।।34।।

हिन्दी टीका–पुरुषार्थ जो मोक्ष है उससे शून्य भोग अपवर्ग के अर्थ कार्य करणात्मक जो प्रकृतिरूप त्रिगुण व महत्तत्त्व आदि कार्य गुण हैं उनका क्रम से सबका लय हो जाना अथवा बुद्धि सम्बन्ध रहित केवल आत्मा की शक्तिमात्र अपने शुद्ध ज्ञान आनन्दस्वरूप अवस्था में ईश्वर में समाधि सिद्ध होने से जीव का प्राप्त होना कैवल्य (मोक्ष) है। जो यह संशय हो कि ईश्वर में समाधि सिद्ध होने से इंस अर्थ का ग्रहण सूत्र शब्द से पृथक् (भिन्न) कहां से होता है? तो पूर्व ही पुरुषार्थ सिद्ध होने के लिय अष्टांग योग के वर्णन में ईश्वर उपासना ईश्वर अनुग्रह से शुद्ध रूप होकर ईश्वर में प्राप्त हो जीव नित्य आनन्द के प्राप्त होता है इसी प्रयोजन से ईश्वर उपासना व ईश्वर प्रणिधान का विधान है।।34।।

इति श्रीपातंजले योगशास्त्रे श्रीमद्धार्मिकप्यारेलालात्मजतेरहात्याख्य-
ग्रामवासिश्रीमच्छास्त्रवित्प्रभुयालुनिर्मितायंभाषाभाष्ये
कैवल्यपादश्चतुर्थः समाप्तः।।4।।

समाप्तं योगदर्शनम्।

॥श्रीः॥

पादार्थसंग्रहः॥

योगस्योद्देशनिर्देशस्तदर्थं वृत्तिलक्षणम्।
योगोपायाः प्रभेदश्च (1) पादेऽस्मिनुपवर्णिताः॥1॥

क्रियायोगं जगौ क्लेशान् विपाकान् कर्मणामिह।
तद्दुःखत्वं तथा व्यूहान् (2) पादे योगस्य पञ्चकम्॥2॥

(3) अत्रान्तरङ्गाण्यङ्गानि परिणामाः प्रपञ्चिताः।
संयमाद्भूतिसंयोगस्तासु ज्ञानं विवेकजम्॥3॥

मुक्तयर्हचित्तं परलोकमेयज्ञस्सिद्धयो धर्मधनः समाधिः। द्वयीव मुक्तिः प्रतिपादितास्मिन् (4) पादप्रसङ्गादपि चान्यदुक्तम्

इतिपादार्थसंग्रहः॥

....

योगशास्त्रार्थसंग्रहः।

निदानं तापानामुदितमथ तापाश्च कथताः
सहाङ्गैरष्टाभिर्विहितमिह योगद्वयमपि।
कृतो मुक्तेरध्वा गुणपुरुषभेदः स्फुटतरी
विविक्तं कैवल्यं परिगलिततापा चितिरसौ॥